新文科时代营销人才知识共创培养模式研究

陈 颖 ◎ 著

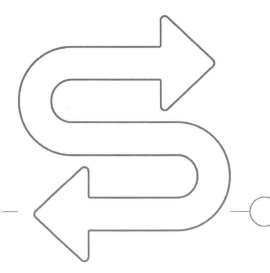

经济管理出版社
ECONOMY & MANAGEMENT PUBLISHING HOUSE

图书在版编目（CIP）数据

新文科时代营销人才知识共创培养模式研究/陈颖著 . —北京：经济管理出版社，2023.6
ISBN 978-7-5096-9201-1

Ⅰ.①新…　Ⅱ.①陈…　Ⅲ.①市场营销学—人才培养—培养模式—研究—高等学校
Ⅳ.①F713.50

中国国家版本馆 CIP 数据核字（2023）第 158360 号

责任编辑：张莉琼
责任印制：许　艳
责任校对：蔡晓臻

出版发行：经济管理出版社
　　　　　（北京市海淀区北蜂窝 8 号中雅大厦 A 座 11 层　100038）
网　　　址：www.E-mp.com.cn
电　　　话：（010）51915602
印　　　刷：唐山玺诚印务有限公司
经　　　销：新华书店
开　　　本：720mm×1000mm/16
印　　　张：11.5
字　　　数：161 千字
版　　　次：2023 年 6 月第 1 版　　2023 年 6 月第 1 次印刷
书　　　号：ISBN 978-7-5096-9201-1
定　　　价：78.00 元

浙江省普通本科高校"十四五"教学改革项目（jg20220379）

浙江省教育科学规划 2023 年度规划课题（2023SCG236）

浙江省教育厅一般科研项目（Y202249650）

浙江省研究生教育学会资助（2022-009）

浙江财经大学教育改革研究重点课题（2020-4）

浙江省"十三五"省级大学生校外实践教育基地：浙江财经大学——宁波家电行业协会智能家电营销创新实践教育基地（浙教办函〔2019〕311 号）

浙江省"十三五"省级产学合作协同育人项目：互联网+市场营销综合实训师资培训项目（浙教办函〔2019〕365 号）

国家级一流本科课程：市场营销学（双语）（2023231018）

国家级一流本科专业建设点：市场营销（教高厅函〔2021〕7 号）

序

数智时代新商科人才培养的变与不变

2018 年，全国教育大会的召开掀起了新文科讨论和建设的高潮。作为新文科的重要组成部分，新商科在新一轮的科技革命和产业革命中应运而生。新商科的建设是数智时代中国高等教育改革的重要一环。当前，中国正处于经济变革的时代大浪潮中，人工智能、云计算、大数据等技术广泛应用于商业活动中，引起了生产方式、销售方式和传播方式的深刻变革，商业实践日新月异。在此背景下，新商科人才培养遇到挑战，新型人才培养需要在变与不变的创新与坚守中寻求新的突破。数智时代，新商科教育如何应对经济、社会和科技变革所带来的挑战，培养出兼具历史性和时代性的新商科人才，成为目前国家高等教育的重大课题①。

一、数智时代新商科人才培养的不变

1. 人才培养、以"本"为本的初心不变

人才培养是高等学校的最初使命，立德树人是商科教育的出发点和落脚点，是学科一脉相承的生命线。数智时代的学科教育和人才培养无论怎么发展，都不能忘记"立德树人"的根本任务。为国育才是国家创办商科的初心使命，也是我国高等教育发展的政治要求和时代特征。目前，社会对商科人才培养转型的期

---

① 王建明. 数智时代新商科人才培养的变与不变——以工商管理类专业人才培养为例［J］. 新文科教育研究，2022，8（4）：103-116+144.

望很迫切，尤其是在商业 3.0 时代，新零售、消费升级、共享经济、数字经济等科技革命和产业革命对新商科人才的培养提出新的要求。时任教育部部长陈宝生在 2018~2022 年教育部高等学校教学指导委员会成立会议上指出"人才培养为本，本科教育是根"①。以此反观商科人才培养，首先，高素质商科人才培养的核心群体是本科生，本科阶段是塑造商科人才的黄金时期，是学生世界观、人生观和价值观形成的关键阶段。其次，每年全国高等院校为社会提供的商科人才中，本科生是绝对的主体，研究生仅占少部分。高校输出的本科毕业生质量直接影响企业吸纳的人才水平。最后，本科生的质量折射出高等教育体系的质量。本科生是研究生的毛坯和种子，如果高等教育体系是河流，那么本科教育就是河流的发源点，高质量的本科生为中国高层次人才的培养提供保障。"本科不牢、地动山摇"，如果本科教育出现问题，会动摇中国更高层次的教育根基。面对社会对新商科人才的新要求，新商科教育要继续紧紧围绕本科教育，拓宽教育范围，打破专业壁垒，扩大学生视野。

2. 数智转型、交叉融合的方向不变

"新商科的主要特征是不同领域的跨界融合"②。数智时代，新型管理人才不但要懂经营管理，还要懂数智技术，以顺应数智化转型的潮流。新商科人才要能适应人工智能、大数据、云计算等数字技术渗透下数字经济变迁的潮流，要具备数字化、智慧化管理思维，熟悉数据挖掘、大数据分析应用等数字技术与管理决策等专业知识和技能，要能够在企事业单位、行政部门等机构从事数智管理工作。由此可见，数智时代的新商科人才应该是融合型、应用型、创新型管理人才。国务院国资委原副主任翁杰明表示，企业要着力推动企业管理的数字化、智能化升级，更好发挥为业务赋能、促进管理变革、实现价值提升、提高运营效率

---

① 教育部部长陈宝生：办一流大学，本科教育是根 [N]. 中国青年报，2018-11-2 (3).
② 徐永其，宣昌勇，孙军. 新商科创新创业人才跨界培养模式的实践探索 [J]. 中国高等教育，2020 (24)：44-46.

等重要作用，打造数字化、智能化驱动管理提升的新引擎①。在数智时代，优秀的商科人才必定是兼备历史管理思维和时代科技能力的综合型人才。新商科人才培养要继续走学科交叉、专业联动的道路。数智时代，数字技术与商业发展创新融合推动新思想、新事物的衍生。面对迭代多变的商业问题，很多管理者陷入传统管理模式的圈套，对新思想反应迟钝，对新事物接受能力不足。市场的瞬息万变要求企业能够应对突如其来的市场问题，紧跟市场形势变化，这对新型管理人才的专业技能提出了更高的要求，即在数智时代一定要具备多学科、跨学科的知识、素养和能力。为此，新商科教育要立足时代要求，"打破传统的学科之间和专业之间的壁垒，将不同学科、不同专业与商科有机结合"②。以工商管理专业人才为例，应利用大数据技术更科学地解决管理问题，融合心理学知识洞察消费者需求、融合法学手段规范企业经营管理、融合经济学知识认清经济发展态势、融合统计学方法量化市场变化、融合计算机科学掌握高效管理工具、融合实体产业提高商业实战能力，构建满足社会需求的交叉学科人才教育体系，打破不同专业间的知识壁垒，培养复合型人才。

3. 管理创新、迭代升级的决心不变

数智时代，创新能力能够帮助管理者把握技术革新的关键节点，开发管理经营与解决问题的新方法。应对时代变迁造成的新挑战，顺应数智时代并引领新型商业模式。具体而言，新型管理人才要实现三个方面的创新：思维创新、方法创新和精神创新。首先，数智时代的新型管理者要树立批判性思维和系统性思维。经济环境的动荡性和模糊性要求管理者放弃惯例和经验决策，以更加灵活、动态的视角看待商业环境，以批判性思维应对不确定性，把握转瞬即逝的机遇。数智

---

① 国资委：推进管理"数智化"升级 加快建设世界一流企业［EB/OL］.2021 年 5 月 28 日，http：//www.gov.cn/xinwen/2021-05/28/content_5613751.htm，访问时间：2022 年 7 月 30 日.

② 陈晓芳等. 新时代新商科的内涵及"多维度协同"培养体系改革［J］. 财会月刊，2021（5）：107-113.

时代是万物互联的时代，创新型管理者还要树立全局意识，把握要素之间的关联性，用系统性思维观察问题。其次，数智时代新型科技和庞大的信息要素要求管理方法的创新，利用区块链技术和软件编程技术优化管理方案。例如，通过数字信息系统建立集中采购新模式。最后，数智时代的新型管理人才要具备创新精神。数智时代是动态演进的时代，管理者要勇于抛弃旧事物，探索新的领域，打破原有管理框架，探索新的管理方法。创新的目的是实现管理的迭代升级。"尤其是随着知识'保质期'越来越短，思维'折旧率'越来越快，能力'迭代率'越来越高"。① 在决策方式方面，面对动态复杂的管理环境，数智时代的管理要摆脱主观判断，将大数据作为管理的决策依据。在组织结构方面，传统企业运营的流程化和规范化不再那么重要，数智时代的管理者要充分了解信息，及时作出调整，形成以数据管理部门为核心的智能中心型组织。在营销模式方面，数智技术为企业提供了更多元、智能的营销工具和方法，营销专家通过精准营销、大数据营销和社交媒体影响者营销等新型营销模式获取顾客价值。在产品生产方面，通过用户参与、设计加速等方式，企业打破了个性化和规模化的矛盾，实现了"千人千品"。在创新投入方面，数字技术精准识别问题，并快速进行处理和分析，实现了创新的日常化和协同②。"未来的工商管理教育，要继续以'管理创新、迭代升级'为决心，通过信息化技术手段与信息化平台的共享，在增强学生必修课程学习的基础上，培养学生的创新思维和实践动手能力，着重培养具有科技创新能力的数智化人才"。

二、数智时代新商科人才培养的变化

1. 管理的环境和技术不断变化

数智时代的管理环境既充满挑战又充满机遇。在政策环境方面，进入"十四

---

① 卓志. 高等财经教育百年演进与发展使命［J］. 新文科教育研究，2022（1）：5-13.
② 高腾飞，陈刚，陈颖. 数字服务化视角下的企业管理变革：内在逻辑、动力基础与实践路径［J］. 贵州社会科学，2022（2）：135-143.

五"以来，党和国家从形成强大国内市场、打造数字经济新优势、推动绿色发展、实施高水平对外开放等方面制定政策，进行宏观调整，为企业打造稳定经商环境带来了重大机遇。在社会文化环境方面，中国国民受教育水平稳步提高，接受高等教育的人口达2.4亿，进入世界第一方阵；绿色理念深入人心，生态保护和资源节约成为共识；民族自信增强，消费者对中国制造认可度提升；民众法律意识提升，重视消费维权。在经济环境方面，随着全球化的加深和网络经济的发展，企业面对的外部竞争环境更加开放；文化消费和创意成为市场热点，知识成为重要的生产要素，企业依靠信息技术和文化创意展开市场竞争；市场主体更加复杂，除了供需双方，平台企业和社交媒体影响者等其他商业主体越来越多地参与到商业活动中。在自然环境方面，资源短缺和环境污染问题依旧不容忽视，能源成本不断增加，政府对企业在环境保护方面的监管力度加大。在人口环境方面，中国人口总数趋于峰值；人口向东部沿海集中、向城市集中，人口流动加快；人口老龄化愈加严重。数智技术的普遍应用极大地激发了经济活力。信息化和数字化为新冠肺炎疫情中的中国经济恢复赋能，远程办公、在线购物和移动支付等线上消费场景加快了中国经济的复苏。数智时代的"数据"对话打破了传统企业边界对信息传递的抑制，使"信息孤岛"实现互联互通。"数据的分析具有通用的商业规则，克服了地域文化、语言障碍、国别差异等现实问题"。[①] 利用大数据，企业不仅可以快速了解市场变化，还能更加精准地了解顾客偏好，创造顾客价值，使大规模量身定制成为可能。此外，利用区块链技术，企业解决了防伪溯源、运输链透明和资产数字化等一系列难题。人工智能客服的出现可以帮助解决顾客遭遇的普遍性问题，解决了传统电话客服人员被重复性问题消耗效率的问题。人工智能技术在获取数据的基础上，解决数据混乱，进行更精细化的受众分析和渠道选择。以上这些方面的变化都为数智时代工商管理类专业人才培养的变化埋下了伏笔。

---

① 戚聿东，肖旭. 数字经济时代的企业管理变革［J］. 管理世界，2020，36（6）：135−152+250.

2. 管理的方法和工具不断改进

数智时代的竞争性增强和技术进步改变了管理的方法和工具，工商管理人才教育要结合新商业实践传授更加先进的管理方法和工具。传统管理者采用多样化的管理方法和工具提升管理效率，例如，人力资源管理中会利用 MBTI 测试应聘者性格，利用无领导小组讨论法了解应聘者的组织协调能力和口头表达能力。在数智时代，人力资源管理者开始尝试使用 AI 面试，通过分析抓取的表情、动作和声音等细节更准确地了解面试者的性格、情绪和动机，通过回答的内容了解面试者的表达能力和专业知识储备。在营销管理中，为了了解市场需求并预测发展趋势，传统的营销人员会通过问卷调查等方法展开市场调研，利用 SPSS 等基础性工具分析调研数据。但随着大数据和云计算技术的广泛兴起，新营销人员可以利用大数据分析的方法获取消费者更加客观的数据，借助 Python 和 R 语言等软件工具更加精准地分析用户行为和特征、筛选重点客户、改善用户体验。在大数据的基础上，管理人员还可以利用机器学习方法进行整合分析，更加准确地预测市场需求。

3. 管理的对象和边界不断拓展

数智时代，随着企业商业模式的革新，新型管理人才面对的管理对象逐渐变化，管理边界不断扩展，工商管理教育要培育更具全局意识和责任心的人才。人、财、物、时间和信息是管理的五大对象。以人为例，一般来说，企业管理面对的人是指组织内的员工，进一步可以扩展到组织外部的消费者。但是在平台经济中，企业还需要对非雇佣关系的线上卖家和服务者进行监督和管理。以网约车平台为例，平台与私家车主是互利共生的合作关系，但由于隶属关系的模糊性，平台依旧要为私家车主的服务负责。这意味着平台企业管理的对象不仅包括隶属企业的员工，还包括合作的商品提供者。未来的管理人才不能再局限于企业内部的人力资源管理，而是需要用平台思维统筹"商业生态圈"上的各种商业主体。又如，20 世纪 70 年代以前信息资源管理是以书面化文献为对象，随着信息科学的发展，管理者开始面对数字化信息。近些年，数字智能技术构建了数字文本大框架，实现了融合数据的分布式存储与平台化交互共享，深层次、实时化、多元化的大数据成为信息管理的核心对象。

三、数智时代新商科人才培养的思考

数智时代，新一轮科技革命和产业变革促成了新经济发展格局，对新商科人才的培养提出了更高的要求。传统商科在人才培养、教育教学和学科科研等方面遭遇了时代挑战，难以满足数智时代管理迭代升级的需要。在此背景下，要以管理理论为基础、以管理工具为方法、以管理实践为途径、以管理思维为目标，实现工商管理教育的升维，培育出适应企业经营、社会进步和国家发展需要的新商科人才。具体而言，工商管理类专业人才的培养，一方面要继续坚守"人才培养、以'本'为本"的初心，继续把握"数智转型、交叉融合"的方向，更加坚定"管理创新、迭代升级"的决心；另一方面要紧盯"管理环境和技术"的变化，适应"管理方法和工具"的改进，重视"管理对象和边界"的拓展。最终，形成兼具时代性和历史性的新商科人才培养体系。

王建明

浙江财经大学工商管理学院（MBA 学院）院长

浙江省"万人计划"青年拔尖人才

国家社科基金重大项目首席专家

国家级一流本科专业（市场营销）建设点负责人

前　言

打造知识共创的理想孵化器

今年是我从事市场营销教学科研工作的第 17 年，我一贯坚持以德立教、言传身教、因材施教，秉承"以学生成才为先"理念参与育人工作，曾获中国高等院校市场学研究会市场营销优秀教学成果二等奖 2 项，浙江财经大学师德先进个人、三育人先进个人，工商管理学院院长杰出教学奖等荣誉。长期以来，坚持以课程教学启引育人，以创新创业历练育人，以产教融合协同育人，以内涵发展学科育人，兢兢业业、任劳任怨，春风化雨、润物无声，始终坚持把教书育人作为一切工作的出发点与落脚点。

一、坚持以课程教学启引育人，愿做快乐的"教书匠"

首先做到主动教——做党的二十大精神的"播种机"。找准学生的兴趣点，用他们听得懂的语言、听得进的方式，讲好课程思政和人生规划，"潜移默化中传授不少人生哲理，不枯燥乏味，相反干货满满"。

其次做到生动教——构建与时俱进的课程内容体系。把营销决策模拟仿真的"新技术"、消费升级与网红孵化的"新内涵"、线上线下混合式教学的"新工具"应用到课堂。

最后做到扎实教——对系部整体教学管理构建了"云课堂、云指导、云进修、云访学、云招聘"的在线沟通平台，最大限度保证线上和线下教学管理的"实质等效"。浙江财经大学公众号先后以《师德如炬　携手抗"疫"》《浙财大的战"疫"青年　坚贞立志只争松柏精神》为题，对本人的事迹进行报道。

主要成绩：国家级一流本科课程"市场营销学（双语）"，省一流本科课程"市场营销学（双语）"（线下一流，线上一流），省一流本科课程"Marketing"（国际化线上一流），省课程思政示范课程，省教师教学创新大赛二等奖，省本科院校"互联网+教学"示范课堂，省课程思政优秀微课，院长杰出教学奖，参编国家"十三五"规划教材一部、省新文科重点教材三部、省新形态教材一部、省重点教材一部。入选"百名教授金课援疆"首批成员，为新疆理工学院市场营销专业学生讲授线上线下混合式"市场营销学（双语）"，开展柔性援疆。

二、坚持以创新创业历练育人，甘做成长的"引路人"

我担任过四届市场营销（中外合作项目）的班主任，也四次荣获优秀班主任称号。我通过一次次班会，帮助学生排疑解惑：社团竞赛的选择、转换专业的要求、兼职实践的利弊……

我和学生一起搭建了浙江财经大学最大的竞赛组队平台和学习交流平台。建有 5 个竞赛组队群（2000 人），7 个学科答疑群（985 人），涉及杭州 4 所高校。难能可贵的是，项目孵化 4 年时间，学生换了 4 届，产品迭代了 4 轮，斩获了数十项国家级、省级竞赛奖项。浙江在线以《浙财大学生自发创建"线上答疑学习交流平台"》为题进行了报道。

我将自己的留学经历、访学经验倾囊相授，指导学生考研和出国深造。作为一名综合导师，2019～2023 年指导学生升学率达 66.7%、50%、50%、70%、71.4%。从新加坡国立大学硕士学成回国，入职字节跳动的吴越感言："在整个迷茫的大四，我不断去了解各个行业，选择的专业从商学到法学再到传媒再到商学，陈颖老师每次都会站在我身后，不厌其烦为我解答。我至今依然记得和陈老师的 7 次深度见面洽谈，每次一个半小时左右。"

主要成绩：①学科竞赛获奖。近 5 年指导学生获得"尖烽时刻"全国商业模拟大赛三等奖，全国大学生公关案例策划创业大赛一等奖，国家大学生创新创业训练计划项目3项，省新苗人才计划项目5项，省国际"互联网+"大学生创新创业大赛铜奖2项，省"挑战杯"大赛三等奖2项，省大学生经济管理案例大赛一、二、三等奖，全国商务英语实践大赛华东赛区二、三等奖，指导学生论文荣获"2017年新媒体国际论坛"优秀论文奖，2019年首届中国大运河文化品牌传播国际论坛优秀论文奖，校本科生优秀毕业论文二等奖。②考研深造高质量。近5年指导25名学生考入美国哥伦比亚大学、英国伦敦大学学院、浙江大学等国内外大学攻读硕士学位；4名学生在本科阶段获得国家公派奖学金赴加拿大、法国、英国交换学习。

三、坚持以产教融合协同育人，乐做社会的"服务员"

我以知识共创为主线，链接真实市场，为学生开展丰富的移动课堂、企业调查、毕业实习等实践提供了完备的企业场景。"营销职业经理人"产教融合项目，从"听""说""读""写""研""创""健"七方面培养学生成为优秀的"职业经理人"。

我构建了"营销职业经理人"指导委员会，聘请24名营销职业经理人组成专业指导委员会，根据市场变化和企业需求，对专业定位、人才培养、教学计划做动态指导。我还积极与行业协会共建"职业经理人"移动课堂。充分利用行业协会的中介作用，协调企校双方，把宁波家电行业协会、华数传媒、保利地产、珍岛集团等二十余家机构引入校园，六年时间从院级基地孵化成省级基地，孕育出产学合作协同育人平台。打造"我是职业经理人"精英挑战赛，提升实战能力，为培育营销英才奠定了坚实的基础。搜狐网、《每日商报》以《智慧新营销之菁英讲堂》为题，报道了我共引、共导、共建、共学、共享的平台型产教融合经验，形成青年创客、青年创造、青年创想三部曲。

主要成绩：主持"十三五"省级大学生校外实践基地1个，教育部、省级产学合作协同育人项目 4 项，省"十三五""十四五"教学改革课题 2 项、省高教学会研究课题（重点）2 项、省教育规划课题 2 项、校重大教学改革课题 1 项，《市场营销专业职业经理人知识共创教育教学实践体系研究》获得中国高校市场学研究会 2020 教学年会优秀教学成果二等奖。

四、坚持以内涵发展学科育人，勤做专业的"耕田人"

回到母校工作后，我竭尽所能推进学科和专业内涵式发展，担任过市场营销（中外合作项目）第一任项目负责人，参与完成了 2013 年中外合作办学项目的设立与运行。以"双一流"建设为契机，自 2016 年起，我担任市场营销系主任，主要负责完成当年教育部本科专业评估。在大家的共同努力下，浙江财经大学市场营销专业 2019 年获批省级一流本科专业建设点、2020 年获批国家级一流本科专业建设点工作。

主要成绩：①课程改革创丰收。带领全系成功培育了国家级一流本科课程 1 门，省级一流课程 14 门，省级课程思政示范课程 1 门，省级课程思政示范项目 3 项。②教学改革提质量。全系获批省级教学改革研究项目 4 项，校级重大教学改革课题 2 项。近三年荣获浙江省教学成果二等奖 1 项，中国高校市场学研究会教学年会优秀教学成果二等奖 2 项、三等奖 1 项，校教学成果特等奖 1 项、二等奖 1 项。

五、教学研究成果对数智时代新商科人才培养的回应

本书的写作在第一章充分认识梳理新文科时代营销人才培养的形势与问题的基础上，第二章构建"营销职业经理人"知识共创培养模式，创设"生涯共创目标、导师共创师资、产业共创基地、课群共创选题、能力共创评价"五大板块，打造共引、共导、共建、共学、共享的平台型人才培养新模式。

本书囊括了我在新文科视角下高校教学改革研究中的诸多成果，尤其围绕工

商管理学科和市场营销专业。第三章从"金生"的视角，明确"四金"建设的出发点、落脚点，阐述了把学生培养成具有思想引领（Ideology）、全球视野（Globalization）、创新实践（Innovation）和责任担当（Responsibility）四种素养的职业经理人，形成了"四元耦合"（IGIR）导向的职业经理人培养计划。第四章从"金师"的视角，阐述了以本为本全员育人，以生为本全程育人，以质为本全域育人的综合导师工作室建设经验，侧重分析了智能家居家电营销综合导师特色工作室的创建、特色、开展和成效。第五章从"金课"的视角，论述了"市场营销学（双语）""新媒体时代的公共关系""国际营销（双语）"等省级一流本科课程、省级课程思政示范课程的教学创新。第六章从实践教育的视角，构建了学校、行业协会、企业三方共创、共建、共享智能家电营销创新实践教育"联盟共同体"，实现双方合作，三方联盟，内外循环，合作共赢的产学合作协同育人场域，为"金教材"的输出积累丰富的实践案例。第七章从"金专"的视角，阐述了学习产出教育理念视角下市场营销专业范式改革，即依据"以学生能力导向""回溯式设计""面向企业需求"的原则，对市场营销专业（数字营销方向）的培养目标、毕业要求、课程课堂教学、专业教学质量的每一个环节设计关系矩阵。尤其在教学范式改革上，对课程目标、课程知识、教学方法、质量体系四个方面应用 OBE 理念进行创新设计。

由此，在第八章分析新文科时代营销人才知识共创培养模式的实践成果时，我们欣喜地发现，以市场营销国家级一流本科专业建设点为代表的"金专"，以"市场营销学（双语）"国家级一流本科课程为代表的"金课"，教书育人终不悔、热血丹心话沟通的师德先进代表"金师"，以产学研育人成果《新时代浙商转型和营销升级经验》案例集为代表的"金教材"硕果累累。值得一提的是，"四金"（"金专、金课、金师、金教材"）建设的终极目标是为人才培养服务，而市场营销专业的学生正是以"学贯中西型营销人才"为核心目标，以"双师育人"和"金课育人"平衡发展为双翼，通过训、练、赛、创为"四轮驱动力"，培养出具备爱国情怀、逻辑思维、批判思维、信息技能、综合分析、团队协作、沟通表达、自主学习八大能力的营销人才，成为懂财经、数智型、国际化的"金生"。因此，从根本上建好"金专"，上好"金课"，锻造"金师"，写好"金教材"，培养出高质量的"金生"，就是浙江财经大学市场营销专业对如何做好数智时代新商科人才培养的回答，其中也凝聚了我一以贯之、长期勤勉的教学研究成果，以飨读者。

本书能够出版，要特别感谢浙江财经大学工商管理学院领导王建明、黄卫华、吴玻、张雷、戴维奇在教学管理工作上给予的鼎力支持。教育是一群有情怀的人做着一件有温度的事。在"金专"建设中，董进才、倪文斌、吴道友等教授前瞻性引领、系统性架构、全局性把控，带我一步步深入专业数字转型教学研究；在"金课"打磨中，邓川、叶舟、邬雪芬等教授深化本科课程体系、课程内容与教学模式改革创新，带我一步步挖掘优质课程资源；在"金师"成长中，沈渊、陈水芬、郭军灵等师德先进代表携澄澈初心以及言传身教、履职奉献的精神，带我一步步成长为学生心目中的好老师；在"金教材"铸造中，王跃梅、刘辉、包兴等教授不断拓展新形态教学资源、百优案例和试题库，带我一步步凝练实践案例教材；在"金生"培养中，应瑛、罗兴武、王建国、林策、喻一珺、刘远琳等老师始终坚持以学生为中心，积极回应学生关切，努力打造浙江财经大学"金生"。

本书研究的过程中，得到诸多教学项目的资助：浙江省普通本科高校"十四五"教学改革项目（jg20220379）；浙江省教育科学规划 2023 年度规划课题（2023SCG236）；浙江财经大学教育改革研究重点课题（2020-4）；浙江省教育厅一般科研项目（Y202249650）；浙江省研究生教育学会资助（2022-009）。

同时，本书阐述的人才培养模式也是浙江财经大学市场营销专业"金专、金课、金师、金教材"教学工程推进中的成果，具体包括：国家级一流本科专业建设点：市场营销（教高厅函〔2021〕7 号）；国家级一流本科课程：市场营销学

（双语）（教高函〔2023〕7 号）；浙江省"十三五"省级产学合作协同育人项目：互联网+市场营销综合实训师资培训项目（浙教办函〔2019〕365 号）；浙江省"十三五"省级大学生校外实践教育基地：浙江财经大学——宁波家电行业协会智能家电营销创新实践教育基地（浙教办函〔2019〕311 号），在此特别致谢。

　　尽管我在撰写过程中力求尽善尽美，将教学研究的经验予以呈现，但因水平有限，错误和不足之处仍在所难免，经济管理出版社张莉琼编辑在出版过程中给予了无私的帮助。同时，敬请各位专家、学者、老师和同学批评指正，不吝指教（邮箱：yc@zufe.edu.cn）。

陈颖

2023 年 1 月于杭州

目　录

第一章

新文科时代营销人才培养的形势与问题

第一节 新文科时代营销人才培养模式创新的需求

2019 年 4 月 29 日，教育部、中央政法委、科技部等 13 个部门在天津联合启动"六卓越一拔尖"计划 2.0，全面推进新工科、新医科、新农科、新文科建设，旨在切实提高高校服务经济社会发展能力。"新文科"因此成为当下高等教育发展中需要认真思考与探索的问题[1]。一方面，传统文科对问题的解释力面临前所未有的挑战；另一方面，传统文科发展的"有用性"受到越来越多的质疑[2]。

数智时代的管理需要运用数字技术来推进管理升维，在此基础上培养适应数智时代的商科人才[3]。新文科建设对高校营销人才培养提出了新的时代要求。

首先，基于问题导向，提高理论解释问题和解决问题的能力，是新文科建设的迫切要求。强化营销人才培养的情境问题嵌入，改变传统培养模式下，"市场比教科书跑得快"，营销实践训练难度与商业现实存在差距，培养过程难针对现实等问题。

其次，打破知识壁垒，促进融合视角的学科建设范式创新，是推动文科可持续发展的内在需要。新文科要求将新技术、新理念、新模式、新方法融入营销课程，关注启发学生的营销智慧与市场思维，引导学生树立营销实践中创造价值的理念，培养创新创业技能。

最后，开展协同育人，以生产实践为锚点，构建跨学科协同育人新机制，将成为新文科建设的突破口。强化营销人才培养的协同赋能机制，改变传统培养模式下，没有或很少组建国内外导师团队对本科生开展全方位的指导，多领域、跨学科引导学生求真学问、练真本领、强化团队赋能机制。

《中国教育现代化 2035》提出了推进教育现代化的八大基本理念，其中包括更加注重知行合一，更加注重融合发展，更加注重共建共享[4]。《浙江省高等教育"十四五"发展规划》重点强调深化人才培养模式改革，其中包括深化产教融合，积极协同高校、科研院所、行业、企业等多方力量，建立健全协同育人机制。同时，加强应用型人才培养，在科教协同、产教融合、校企合作、资源配置等方面建立长效机制[5]。

市场营销学，属于理论性和实用性兼具的商科学科，它不仅要学习理论知识，也要在此基础上通过大量的教学实践和现场实践，来保障理论运用上的正确性和处理商业问题上的精准性。市场营销专业发展和人才培养模式正在面临着"一低一高"的困境[6]。

"一低"体现在单一重复性人才需求量低。2017 年 BBC 基于剑桥大学研究者 Michael Osborne 和 Carl Frey 的数据体系分析了 365 种职业在未来的"被淘汰概率"，其中"电话推销员"以 99% 的"被淘汰概率"位列第一，预示着将被智能人工客服替代。为此，有部分高校以"社会需求不大和正在萎缩的专业"为依据，已经或即将在未来两年内，停招包括市场营销在内的 11 个本科专业。

"一高"表现在综合实践性人才需求量高。同样在 2017 年，《预言未来：未来大势，路在何方》（*Predestination：Where we are all heading*）一书出版，探讨了科技发展对未来市场营销行业的影响。品迪 PHD 中国区战略总监 Mark Bowling 认为，人工智能会给品牌商和营销者带来新的机遇，使其在个人偏好、需求和创造力的基础上做出更精准的数据预测和分析，而不是仅依靠过去的经验和趋势。最新的人工智能发展突破都需要人类的参与，而最难自动化的工作便是战略策划和消费者洞察。

　　为此，在消费升级、互联互通、大数据、云计算、人工智能、共享经济催生出的"新文科"时代背景，以及突出强调创新创业人才培养的"双创"目标下，完善营销人才培养模式，加强培养既了解本专业及相关领域最新动态和发展趋势，具有现代管理、市场经济、财务运作、商务统计等多学科的基本理论素养、专业知识和能力，并具备开阔的国际视野、本土的人文情怀、灵活的营销思维、协作的团队能力、高效的沟通技能、创新创业精神的市场营销管理人才，任务紧迫而艰巨。

第二节　高校营销人才培养模式存在的问题

一、高校营销人才培养模式改革

　　以浙江财经大学为例，该校 1994 年正式开办市场营销本科专业以来，已经走过了近 30 个春秋，面对"互联网+"、数字化和全球化浪潮，为对接浙江经济社会发展中的"数字经济、智能制造、金融"等产业需求培养了许多人才。作为国家级一流本科专业建设点的市场营销专业，结合数字经济化发展对人才培养的时代要求，在专业建设和人才培养上取得了一些成绩。但是，通过对标国家级一流本科专业建设要求，仍需深刻意识到存在以下几点不足：

　　（1）专业定位与区域发展要求衔接不够紧密。市场营销专业发展至今已经经历多次变革，从最初的关注产品销售问题，过渡到服务问题，再到价值管理问题，而今进入数字营销时代。每个新的时代都对市场营销学科本身的发展提出了新的要求。然而目前浙江财经大学旧有的市场营销专业的定位仍立足于传统营销理论的传播，尚未进入与数字经济紧密结合的阶段。特别是浙江财经大学所处区域正是中国数字经济发展的最核心和最前沿，其旧有的专业定位难以适应新时代对营销专业和营销人才发展的需要，特别是与杭州"数字经济第一城"的城市定位不相匹配。

（2）传统教学模式及教学方式相对单一，且脱离实践。受历史和学校资源影响，市场营销学科相关的课程实践教学一直以来都是纸上谈兵，缺少必要的软、硬件设施，缺少实战演练。这种教学方式与市场营销专业教育的实践需求相差较大，特别是在"互联网+教育"已经成为一种趋势的前提下，传统的教育方式已经难以满足对现代以数字化为特征的新市场营销教育需求，也与生活中时时有营销、事事有营销的市场营销本质相去甚远。造成这个问题的原因有两个方面：其一，在实践教学中，学生与企业直接接触的机会比较少，且在有限的接触过程中，其效果大打折扣。尽管现在部分课程在教学的过程中考虑了企业的实践活动，但大多是单一地模仿某项活动，如何与企业实践活动紧密结合，整体、系统地解决企业实际问题而进行实践的少；企业参与设计实践项目的少。其二，由于现有市场营销系教师大部分没有在企业工作的经历，深入企业管理实践、亲自参与企业营销活动的机会有限，导致其不能很好地了解企业的市场营销活动，不能把教学研究与企业实践以及数字经济发展的趋势结合起来。这样在教学过程中就很难达到言传身教的效果。

（3）教学内容相对滞后，难以适应数字经济发展要求。目前市场营销专业的相关课程教材仍以 20 世纪 80 年代的经典营销理论为主，尽管加入了网络营销、现代物流等反映当代特色的内容，但在目前商业模式不断创新、营销理念不断深化的今天，仅是对原有课程教学体系修修补补，而不是从更加符合时代对数字化发展理念有更多要求的现实状态上出发，不进行创新和发展，显然不能满足现代企业营销管理发展的要求。此外，我国高校工商管理课程都是从国外引进的，在应用环境方面，与当代我国经济发展现状存在一定差距。例如，许多参赛的大学生创业项目都是以电子商务网站为基础的创新型服务项目，在对项目进行市场营销组合策略推广方面，仍是以传统课程中的"4P"或"4C"等营销组合方式进行静态分析显然是不够的，而是要将最新的数字营销等方法应用到创业计划书中，而在课堂教学中对此类理论的涉及则较少。

二、高校营销人才培养模式现实困境

目前，高校越来越重视学生的实践能力，实训类课程及课程的实训环节是客观存在的。这些实训形式在一定程度上调动了学生的积极性，提高了学生的实践能力。但是，这些方法还是以教师为中心，缺乏系统的实训方案和激励措施，学生不能构建完整的知识体系，一旦面对真实的企业环境和企业类型，难以运用所学的知识制定相应的策略，很多用人企业则抱怨新毕业大学生缺乏实战经验与能力。深究原因，我们发现，高校营销人才培养模式缺少系统性、长期性、一致性的整体架构，造成每一门实训课程单独看，似乎类型多样、内容丰富，实则实践主题随机、实践内容零碎、实践过程失控、实践评价单一（见图1-1）。

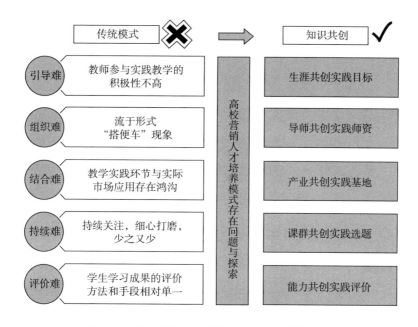

图1-1　高校营销人才培养模式存在问题与探索

与此同时，市场营销专业教育教学实践体系的改革，还存在以下难题：

（1）引导难。教师参与实践教学的积极性不高。目前高校教师面临的考核任务多，很容易使教师将主要精力放在科研和社会服务上，从而影响了课程教学。

（2）组织难。参观活动流于形式，走过场的情况时有发生；高端讲座中单向零星的沟通无法触动学生深入思考；软件模拟过程只计较结果值却不知所以然；案例讨论时常存在"搭便车"现象。

（3）结合难。教学实践环节与实际市场应用之间存在明显鸿沟。目前，课程教学实训设计单一项目多，综合性项目少，满足不了企业对学生综合能力的需求。

（4）持续难。案例讨论缺少细心打磨、持之以恒、不断求索的科研精神。市场瞬息万变，很多针对当下企业所面临问题的营销策划方案，在开课阶段，尚吻合企业情境，但是等课程结束、市场环境发生转变时，主动投入时间和精力，持续关注企业问题，不断调整策划方案的学生少之又少。

（5）评价难。学生学习成果的评价方法和手段相对单一，每门课程独立评价，缺少课程群、知识模块的系统化、过程化的持续评价，在一定程度上简单的分数取代了多维评价，制约了学生能力的培养。

根据上述高校营销人才培养模式存在的五大难题，本书提出一种结合知识共创的营销人才培养模式改革新思路。该思路将"营销职业经理人"的生涯规划引入教学实践，激发师生、校企共同参与的积极性，形成"生涯共创目标、导师共创师资、产业共创基地、课群共创选题、能力共创评价"的五大"共创"人才培养模式，以解决教师参与积极性不高，组织管理以及内容优化和评价体系欠缺等一系列问题。

第三节 知识共创人才培养模式的文献综述

　　知识共创模式以企业需求为导向，以学生综合能力培育为目标，改变传统填鸭式讲授模式，通过教师引导、学生反思，调动学生参与学习的积极性，教师与学生之间形成一种"共生关系"。换言之，就是通过"教师—学生互动交流"来整合双方知识和潜能，并实现知识共创，以提升学生理论知识与实践操作创新结合的能力。

　　华东师范大学刘濯源老师提出，教师角色从教学 1.0 时代的知识传递者、逐步向 2.0 时代的知识创造者、3.0 时代的共同学习者，进化为 4.0 时代的知识共创者[7]。厦门大学陈鹏特别强调，人工智能时代高校教师的角色从主导走向服务，具体表现为：高校师生与人工智能"人机协作"构建创新教学共同体；高校师生"合作互动"构建深度学习共同体，高校师生与泛在教师"人人协同"构建创新创业共同体[8]。温州医科大学黄兆信指出，"师生共创"作为提升学生创新创业能力、提高创新创业项目和成果转化率、将"高深学问"转变为"现实成果和技能"的有效途径，具有针对性地解决当前创业教育中存在的理论与实践脱节、专业教育与创业实践脱钩、学生创业项目成功率较低等现实问题的功能[9]。

　　北京大学光华管理学院彭泗清教授认为，当下市场营销教育教学实践体系存在三种类型的"创新"[10]，分别是新补丁的味精式新营销（即主体内容不变、教学方式不变，只是增加一些"新营销"），新外衣的油漆式新营销（即主体内容不变、教学方式不变，增加各种"新术语""新案例"）和新架构的全方位新营销（即知识体系、知识内容、教学方法、师生关系以及理论与实践关系的全面更新）。任课教师们有必要主动向第三类创新靠拢，比如通过课程微信群和热点互动达到"与学生共生"，通过行动学习与知识创造达到"与学生共创"。浙江工商大学王永贵教授认为，市场营销 MBA 任课教师应积极转换角色，主动和学员成为合作伙伴，成为 MBA 学员的知识教练，与他们进行知识共创，并努力塑造自己的风格[11]。浙江农林大学尹国俊教授等研究了浙江大学的创新创业教育后，提出基于师生共创的创新创业教育的知识链和实践链双螺旋模式，在项目引领、资源汇聚、课程学习、创业育成四大平台的支撑下，构建了大学生创新创业教育良性互动的微生态循环系统[12]。山东理工大学周涛副教授结合《市场调查与分析》课程，针对教学核心、交流方式、学生参与性、学生反思、知识创新性和考核效果六个方面对传统教学模式和知识共创教学模式进行了对比分析。他提出，传统教学模式以教师为中心、单向沟通、弱参与、学生缺乏主动思考意识，知识创新性差、难以将所学知识应用于实践；知识共创教学模式以教师、学生双主体为中心，互动式双向沟通、强参与、学生主动思考、共同创造知识、全面提高知识的应用能力[13]。

浙江师范大学于莎基于资源基础理论与价值共创理论融合框架，通过对巴黎法兰西岛工商会分析发现，在引领职业教育价值共创过程中形成了"联动—共生""合作—共赢""协同—共存"等代表性模式[14]，并取得构建终身职业技能教育与培训体系、优化区域技能生态系统、推进区域创新驱动发展等实效，对我国推动行业协会参与职业教育治理具有一定的参考价值。辽宁教育学院李作章指出，高等教育治理现代化是不同利益治理主体价值共创和行为协同的过程，为实现"共治""善治"的治理目标，在"放权"的基础上，应进一步对治理主体进行"赋能"[15]，促进和发展其治理能力。

第四节 营销人才知识共创培养模式的意义

营销人才知识共创培养模式以职业经理人"5E 孵化器"为情景嵌入，以

"财商思维和能力导向"为培养目标，充分调动国内国外、校内校外"双师制"，合作指导赋能，从而解决问题导向、学科跨界、协同赋能的营销人才培养问题。

一、知识场景化

通过"真题真做"的方式，让学生深刻理解理论知识并学会融会贯通，让学生体会真实工作情景，培养实操技能，进行思维拓展，真正提高学生的综合能力和行业解决问题能力。建立"体验、情境、事件、浸入、延展"有机融合的职业经理人"5E 孵化器"实践体系（见图1-2）。

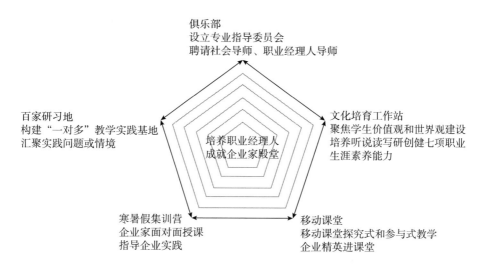

图1-2 营销职业经理人"5E 孵化器"实践体系

1. 体验（Experience）：职业经理人移动课堂

走出去，通过移动课堂，开展探究式和参与式教学；请进来，通过企业精英进课堂，邀请行业专家参与教学工作。

2. 情境（Environment）：职业经理人文化培育工作站

重点建设"领导力开发""商务礼仪""幸福学"等价值观课程，培养听说读写研创健等技能。

3. 事件（Event）：职业经理人寒暑假集训营

通过 7 天的集训，校内导师带队进企业调研，企业家指导学生实践。学生既能学到专业技能又能训练撰写竞赛文本。

4. 浸入（Engaging）：职业经理人百家研习地

由行业协会、产业园区、龙头企业构建"一对多"教学实践基地，共同汇聚"问题库"和"实践场"。

5. 延展（Expand）：职业经理人俱乐部

校友捐赠 100 万元设立职业经理人培养基金，奖励投身教学的教师和创新创业、学有所成的学生。

二、知识融通化

根据国内外经济社会发展趋势和财经院校学科特色，以财商（Financial Quotient，FQ）思维为纲领，以学（理论学习）、练（模拟演练）、赛（学科竞赛）、训（管理实训）、创（创业实作）的创新模式，构建学校、政府、企业、社会等多层次融通体系（见图 1-3）。

1. 学与练融通

核心模块（战略管理、市场营销、运营管理、人力资源、财务管理），开设独立或综合性实践性课程，实现学与练的融合。

2. 学与赛融通

学科竞赛深度嵌入课程体系，如"市场营销学（双语）"课程嵌入营销决策模拟大赛，极大提升学生竞赛和实践能力。

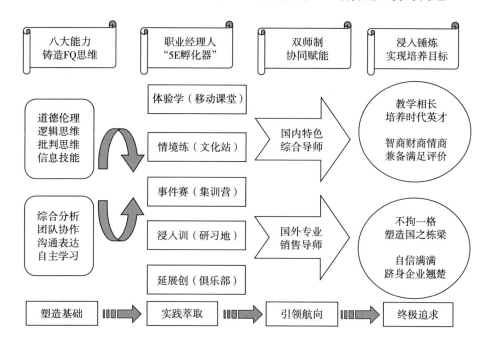

图 1-3　新营销人才培养的知识融通化

3. 学与训融通

通过智慧新营销之菁英讲堂、企业精英进课堂、企业移动课堂等形式加强实习实训教学。

4. 学与创融通

对具有创业精神的在校大学生，开办领导力训练营，提供学生创业的专业支持。

三、知识共促化

国内综合导师特色工作室、国外专业销售导师团，协同赋能营销人才的培养。通过"线上+线下"的方式，拓展教育教学实践体系的物理边界，把类型多样的知识、课程、讲座、论坛以网络数据的方式加以传播，增强社会服务能力，实现社会价值。

1. 国内综合导师特色工作室，强化"多对一"

如图 1-4 所示，综合导师特色工作室采用首席导师负责制，联合校外职业经理人社会导师及校内多领域跨学科综合导师，以具体项目为载体，引导学生参与学术研究、社会服务、实习实践、读书研讨、心理疏导，实现学习、生活、思想等全方位的培养，是综合导师制的 2.0 版。

图 1-4　综合导师特色工作室

2. 国外专业销售导师团，强化"双语言"

学生采用"国内学习 3 年+在美学习 1 年"模式。引进 21 门专业课程，其中 11 门全外教授课，10 门中美双方合作授课。国外学习期间，安排美国企业导师带队实习 3 个月，营造全英语语境学习氛围。

第二章

"营销职业经理人"知识共创培养模式构建

第一节 "营销职业经理人"知识共创培养体系的框架设计

"营销职业经理人"知识共创培养体系分为"生涯共创目标、导师共创师资、产业共创基地、课群共创选题、能力共创评价"五大板块，打造共引、共导、共建、共学、共享的平台型人才培养新模式（见图2-1）。

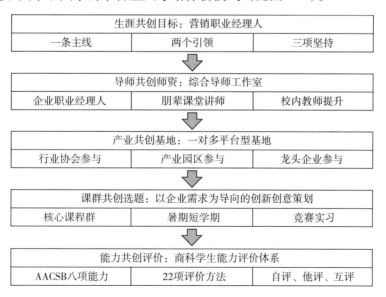

生涯共创目标：营销职业经理人		
一条主线	两个引领	三项坚持

导师共创师资：综合导师工作室		
企业职业经理人	朋辈课堂讲师	校内教师提升

产业共创基地：一对多平台型基地		
行业协会参与	产业园区参与	龙头企业参与

课群共创选题：以企业需求为导向的创新创意策划		
核心课程群	暑期短学期	竞赛实习

能力共创评价：商科学生能力评价体系		
AACSB八项能力	22项评价方法	自评、他评、互评

图 2-1 "营销职业经理人"知识共创培养体系

一、生涯共创目标，全员育人破解单一力量引导难

多年来，浙江财经大学工商管理学院树立起"企业家殿堂"的人才培育定位，并结合学院实际，全面推进学院人才培养目标的实现，整合各方资源，全员育人，构建起以"营销职业经理人"为中心的实践目标，避免单一授课教师推力不足，部分研究型教师重心难以倾斜等现象的出现。

二、导师共创师资，抱团指导破解单一师资组织难

首创"综合导师工作室"双创培辅模式，工作室由五名及以上专业导师为核心，以职业经理人社会导师、朋辈导师、思政导师为辅助，在学术研究、社会服务、实习实践、读书研讨、心理疏导、就业指导等组织上，发挥导师团队在人才培养中的核心作用，避免单一导师时间精力有限、专业认知有限、管理组织跟不上等问题。

三、产业共创基地，企业联盟破解单一企业结合难

作为办学者的个体高校，在产学研合作教育上面临信息不完备、与关联单位缺乏协调、合作成本高昂、市场不确定性高等问题。行业协会、产业园区、龙头企业为依托的实践基地都具有辐射性、发散性特点，对应的企业或子公司少则数十家，多则上百家，它们共同汇聚的实践问题或情境不胜枚举，既是"问题库"，又是"实践场"，既避免了单一企业合作引发的实训岗位周期性波动，又扩大了学生、企业、行业的受益范围。

四、课群共创选题，长期孵化破解单一课程持续难

单一课程的实训时间是有限的，许多研究问题尚未深入就戛然而止。同时存

在诸多问题：大量实践活动冒进、求快；研究报告缺少逻辑、深度和质感；学生态度毛糙，专注力与细节度不够。相反，在现实商业社会中，细节决定成败，态度决定一切，社会呼唤"工匠精神"。由此，本模式探讨以问题为导向，强化核心课程群、暑期短学期、竞赛实习全周期生涯式孵化，引导学生持续、贯彻地围绕一个主题在不同实践活动中不断打磨，完成课程作业，收获竞赛奖项，孵化创意策划，避免频繁更换研究主题、流于形式而不深入的窘境。

五、能力共创评价，八项能力破解单一分数评价难

围绕国际精英商学院协会（AACSB）《商科学生能力评价体系》八项能力：从团队协作、道德伦理、自主学习、批判思维、分析技巧、逻辑思维、沟通能力、技术能力八个维度综合考察学生的实践能力。同时，考核方式多种多样，构建起 22 项支撑学生能力培养的教育实践方法列表。

第二节 "营销职业经理人"知识共创培养体系的改革目标

一、改革目标

1. 创设市场营销的商业情境，提出企业真实问题和人才需求

立足市场营销学科，依托经济管理、外语等学科综合发展优势和美国托莱多大学的国际精英商学院教育平台（AACSB），贯彻"财商思维和能力导向"的创新创业育人模式，巩固"营销职业经理人"培养理念，建立市场营销人才培养能力模型。变目标"营销技术与方法的实践操作"为"营销职业经理人能力的培养"，提升学生实战分析能力与解决问题的能力。

2. 创造职业经理人"5E孵化器",通过合理增负提高学以致用

以"学理论、练技能、赛成绩、训实操、创项目"五项系列内容为核心,将校内校外、理论实践无缝对接,实现管理知识的模拟教学、行动教学和实践应用之间的贯通,持续推动协作式、体验式、探究式、项目式等教学模式改革,全力打造沉浸式实训孵化器,强化"干中学"。变实践"单一课堂"为"课前、课中、课后"一体化实践,拓展实践维度;变基地"单一合作"为"一对多平台型"实践教育基地,提高合作共赢的局面。

3. 创建校内校外、国内国外"双师制",确保协同育人的赋能机制

核心课程由中文教学转为全学期常规性双语教学,期间外教来校进行3周48小时全英文授课,成绩占比20%。每年专业建设投入100万元,用于教师国内外访学进修,支持5名教师参加海外名企名校访学营。变教师"单一辅导"为"综合导师工作室"全员育人,提高学生孵化质量;变学生"被动接受"为"主动学习",提高学生实践参与积极性及团队合作能力。

二、拟解决的关键问题

1. 串联起全员育人的人才培育体系

以"营销职业经理人"教育教学实践体系的改革,串联起实践育人、团学育人、思政育人的人才培育体系,并获得校、院、系三层次的认同、理解、配合、协调。

2. 发挥导师团队在人才培养中的核心作用

首推综合导师工作室,由校内专业导师、思政导师、朋辈讲师、企业职业经理人导师形成合力。工作室的运营实施首席导师负责制,发挥导师团队在人才培养中的核心作用。

3. 构建一对多教学实践基地

由行业协会参与、产业园区参与、龙头企业参与三种类型构成,同时将营销专业现有教学实践基地根据人才培养三大方向:智能营销、金融营销、地产营销,进行整合归类。

4. 将研究命题进行生涯式孵化

树立常学常新、常做常新、常用常新的教学实践理念,引导学生持续地围绕一个主题在不同实践活动中不断完善,通过核心课程群之间的合作,将研究命题进行生涯式孵化。

5. 过程式反馈学生能力成长路径

利用市场营销(中外合作项目)已积累的办学经验,充分运用国际精英商学院协会(AACSB)《商科学生能力评价体系》,对实践教学的结果逐一出具人才能力评价报告,过程式反馈学生能力成长路径。

第三节 "营销职业经理人"知识共创培养体系的实施方案

根据市场营销专业人才培养三大方向:智能营销、金融营销、地产营销,从实践目标、实践师资、实践基地、实践选题、实践评价五维度对教育教学实践体系进行优化和改革。

一、结合"营销职业经理人"的目标优化方案

1. 一条主线

培育营销职业经理人,成就未来企业家。

2. 两个引领

以文体技艺与视野拓展引领学生丰富生活，以综合学习与素质拓展引领学生体验生涯。

3. 三项坚持

坚持思想文化育人，推进校园文化建设；坚持科研竞赛育人，打造专业学术氛围；坚持创新创业育人，提高学生实践创新能力。

二、结合综合导师工作室的师资优化方案

1. 聘请企业职业经理人担任校外实践导师

聘请企业职业经理人长期担任实践基地的校外实践导师和校内营销专业指导委员会顾问，为浙江财经大学营销专业人才培养方案的制定、实践教学的开展提供指导建议，为浙江财经大学师生开设营销类专业讲座，合作指导本科生实践教学和毕业论文。

2. 聘请市营校友担任朋辈课堂讲师

从 1999~2023 届营销专业的毕业生中，选取就业典范，形成朋辈课堂讲师团，起到典型引路的作用。

3. 组合校内师资，利用项目开发提升水平

将系内 23 位现有教师进行三大方向分组，同时，通过滚动利用学习、交流、培训、项目开发等形式，提升师资队伍的实践水平。

三、结合行业协会、产业园区、龙头企业参与的实践基地优化方案

这三种类型的实践基地，最大特点就是学校和具体企业的合作形式，非传统式的一对一，而是平台型的一对多。最大好处就是既避免了单一企业合作引发的

实训岗位周期性波动,又扩大了学生、企业、行业的受益范围。

1. 行业协会参与

行业协会作为介于政府与企业之间的社会组织,通过自身运营集聚了一批行业内的核心企业形成联盟共同体。

2. 产业园区参与

产业园区将特定产业的众多具有分工合作关系的不同规模等级的企业,以及与其发展有关的各种机构、组织等行为主体连接在一起,形成空间集聚。

3. 龙头企业参与

在某个行业中,对同行业的其他企业具有很深的影响力、号召力和一定的示范、引导作用的企业,其本身规模庞大,拥有众多分公司和配套型子公司。

四、结合课群共创实践选题的优化方案

以"市场营销学(双语)""新媒体时代的公共关系""国际营销(双语)"三门课程实践环节为主体,组成"营销实战模拟"核心课程群,配合每一学年暑期短学期实践课程,充分利用竞赛实习加强实践结果市场化评判。

以浙江财经大学2016级市场营销(中外合作项目)2班唐同学为例,大一学年,通过课程"市场营销学(双语)"实践活动,撰写了小组策划报告《绍兴会稽山黄酒营销策划方案》,导师为陈颖,该策划报告获得当年课程组营销项目策划比赛三等奖。暑假期间,成功申请进入校级重点暑期社会实践小分队,导师为王唯梁,通过对会稽山黄酒企业开展实地调查,撰写了策划报告《品味历史陈酿,传承酒韵瑰宝》,获得校级公关案例策划比赛的第二名。大二学年,该小组通过课程"新媒体时代的公共关系"实践环节,将黄酒传统文化及其产业特色融入游戏文化之中,以手机游戏为载体,赋予老字号黄酒品牌活力和时尚感,公关传播文案《基于APP游戏平台的会稽山黄酒线上体验营销的建设与传播方

案》获得浙江省公关案例策划比赛二等奖，导师为项丽瑶和陈颖。大三学年，唐同学继续加深对绍兴黄酒国际市场拓展和竞争对手的调查，进一步完成小组报告《绍兴黄酒产业国际营销策略探析》，导师为高友江。大四学年，唐同学获得国家公派优秀本科生项目资助，赴加拿大温尼伯大学交换学习。之后，唐同学以优异的学业成绩被美国弗吉尼亚大学全球商务硕士项目录取，在美国、中国和欧洲的三所顶尖大学共同生活和学习，获得弗吉尼亚大学麦金太尔商学院全球商务硕士学位、西班牙 ESADE 商学院全球战略管理硕士学位和中山大学岭南（大学）学院国际商务证书，扩展了自身的全球业务知识和技能。

五、结合《商科学生能力评价体系》的实践评价优化方案

如表 2-1 所示，结合国际精英商学院协会（AACSB）对"市场营销学""市场调研""整合营销""营销策划"等专业必修课已设立的八项能力评价体系，侧重对实训环节的 22 种评价方法采用记录、报告、自评、他评、互评等方式评估。

表 2-1　支撑能力培养的实践评价方法

方法选用	能力评价维度		能力说明	
2，3，14，15，16	团队协作		可以展示协作、领导力和专业行为	
13，21	道德伦理		可以识别、分析和解决伦理问题或隐含的决策	
4	自主学习		养成自学商业的态度和习惯	
1，17，18	批判思维		用批判性思维来识别、研究和分析问题，并做出决策	
9，11	分析技巧		可以从数据进行推断，使用有效的解决问题的技巧	
20，21	逻辑思维		可以识别、解释和评估涉及商业和个人的法律、全球化、创业、环境方面的业务	
6	沟通能力		学生可以有效进行口头和书面沟通，组织和共享信息	
7，8，10，12	技术能力		理解和利用技术用于提高企业竞争力和个人的生产力	
1	案例分析	管理案例分析和讨论的方法	12	数据库使用	使用数据库解决管理问题
2	课程项目	完成一个虚拟的管理项目	13	精英进课堂	请企业界精英授课

	方法选用	能力评价维度			能力说明
3	小组作业	由 3 人以上完成作业或报告	14	岗位实习	在特定的管理岗位上进行实习
4	小微论文	撰写 2000 字以下相关论文	15	实验室实验	在实验室中完成特定实验
5	课堂练习	随堂进行测试	16	实地实习	在野外或真实管理情景中进行学习
6	口头演讲	个人或小组进行口头演讲	17	报告考试	用撰写报告的方式进行考核
7	数学模型	用数学模型解决管理问题	18	试卷考试	用试卷形式进行考核
8	模拟与游戏	通过计算机或游戏模拟教学	19	论文写作	撰写管理学术论文
9	新闻分析	分析当下与课程有关的新闻	20	科研小项目	完成已经设计好的科研小项目
10	Excel 使用	使用 Excel 解决管理问题	21	研究项目设计	完成科学研究项目设计报告
11	趋势分析	通过信息收集分析某一趋势	22	文献阅读	阅读相关学术论文并参与讨论

第四节 "营销职业经理人"知识共创培养体系的实施计划

本项目建设期为两年。项目具体建设计划如表 2-2 所示。

表 2-2 "营销职业经理人"知识共创培养体系的"五维度"实施计划

实践目标	职业经理人	推广阶段	强化阶段	提升阶段	巩固阶段
实践师资	智能家电营销创新综合导师工作室	已建院级 6 名校内导师 3 名经理人	6 名校内导师 4 名经理人 2 名朋辈讲师	6 名校内导师 5 名经理人 4 名朋辈讲师	6 名校内导师 6 名经理人 6 名朋辈讲师
	地产策划文化营销综合导师工作室	6 名校内导师 3 名经理人	申报院级 6 名校内导师 3 名经理人	6 名校内导师 4 名经理人 2 名朋辈讲师	6 名校内导师 5 名经理人 4 名朋辈讲师
	并购基金金融营销综合导师工作室	3 名校内导师 3 名经理人	6 名校内导师 3 名经理人	申报院级 6 名校内导师 3 名经理人	6 名校内导师 4 名经理人 2 名朋辈讲师

续表

实践目标	职业经理人	推广阶段	强化阶段	提升阶段	巩固阶段
实践基地	宁波智能家电营销创新实践基地	已建省级行业协会参与	优质运行	省级结题	申报现代产业学院
	房地产营销策划实践教育基地	已建校级龙头企业参与	优质运行	校级结题	申报省产学合作项目
	杭州白沙泉街区并购基金实践基地	已建院级产业园区参与	院级结题	申报校级	优质运行
实践选题	"市场营销学（双语）"	建立课赛一体题库	营销模拟决策对抗赛	营销项目策划比赛	申报国家级一流本科课程
	"新媒体时代的公共关系"	建立课赛一体题库	建立课程群	公共关系策划赛	申报省级新文科教材
	"国际营销（双语）"	建立线上慕课题库	建立课程群	商务英语实践大赛	申报省级国际化一流本科课程
实践评价	能力评价	构建	试运行	调整	巩固

一、重点培育和建设三个综合导师工作室

三个综合导师工作室分别是智能家电营销创新综合导师工作室（2016 年已建，院级）、并购基金金融营销综合导师工作室、地产策划文化营销综合导师工作室。这个工作将整合归类现有 23 名营销专业师资，并吸纳 20 余名企业职业经理人，10 余名杰出校友共同组建实践师资队伍。据此，每个工作室培养 1 名，共计 3 名具有较高学术造诣和较强专业实践能力的高级讲师，提升整体队伍业务能力与职业素养。

二、重点孵化和建设三大平台型实践基地

三大平台型实践基地分别是宁波智能家电营销创新实践基地（2019 年已建，省级），房地产营销策划实践教育基地（2018 年已建，校级），其中包括绿城蓝

道营销创新实践基地（2017年已建，院级）和保利合伙人实践基地（2017年已建，院级），杭州白沙泉街区并购基金实践基地（2017年已建，院级）。这些实践基地逐步孵化为省级、校级实践教育基地，并实现良性运转。

三、出具毕业学生的能力分析报告

重点培养三届市场营销专业学生。项目结束期前，将有两届学生毕业，出具毕业学生的能力分析报告。

第三章

生涯共创："四元耦合"（IGIR）
导向的职业经理人培养计划

第一节 职业经理人培养计划的主要目标

《国家中长期人才发展规划纲要（2010—2020 年）》提出："以战略企业家和职业经理人为重点，加快推进企业经营管理人才职业化、市场化、专业化和国际化，培养造就一大批具有全球战略眼光、市场开拓精神、管理创新能力和社会责任感的优秀企业家和一支高水平的企业经营管理人才队伍。"职业经理人是现代化的战略性人才资源，职业经理人制度是中国特色现代企业制度的组成部分。

浙江财经大学工商管理学院被誉为"企业家的殿堂"，多年来从自身学科特色出发，探索培养高质量工商管理类专业人才的方法，创建了职业经理人养成活动品牌，把学生培养成具有思想引领（Ideology）、全球视野（Globalization）、创新实践（Innovation）和责任担当（Responsibility）四种素养的职业经理人，形成了"四元耦合"（IGIR）导向的职业经理人培养计划（见图 3-1），以适应新时代对于营销专业人才的需求，实现实践教学的系统性、长期性和一致性。

学院依托工商管理学科和专业优势，紧紧围绕"四元耦合"（IGIR）导向，从通识教育到学科基础，再由专业平台至自身发展，搭建起了红色育人、国际交流、创新实践活动以及社会服务四大平台，相关活动如图 3-2 所示。

聚焦全球视野
开拓多维思考体系

G

立足创新实践
理论实践结合培养

I

强化思想品德
筑牢理想信念之基

I

肩负责任担当
贡献社会青春力量

R

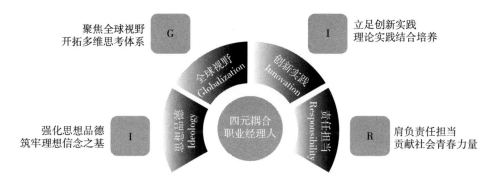

图 3-1 "四元耦合"(IGIR)导向的职业经理人培养计划

2020 年新时代的营销变革系列讲座

2020 年智慧新营销之菁英讲堂

2021 年创新创业论坛之创赛项目孵化

2020 年数动融媒发展之企业精英进课堂

2020 年新生专业讲座

2021 年数智创新班招生宣讲

图 3-2 工商管理学院职业经理人"四元耦合"(IGIR)活动

2018 年企业家进校园之零售与创业　　　2021 年创新创业系列论坛之竞赛解析

图 3-2　工商管理学院职业经理人"四元耦合"（IGIR）活动（续图）

图片来源：浙江财经大学工商管理学院官网。

一、开展红色育人活动，提升学生思想道德素质

学院在职业经理人培养中，坚持以理论学习为先导，用先进的理论武装青年，实现思想引领常态化、全面化、特色化发展。学院成立了"研习会"，积极开展理论学习活动，近 5 年来先后开展了各类理论学习近 60 次，参与人数近6000 人。学院注重诚信教育和廉洁意识养成，创立了"习廉理"廉政文化品牌，2018 年至今先后开展了"廉洁从学，廉洁修身"等活动近 25 次，受众学生达5400 余人。创新党史学习教育形式，做到党史故事"青年人讲给青年人听"。学院组建了"青年说"党史理论宣讲团，分赴宁波、绍兴等浙江 8 地开展党史宣讲学习，将"党史故事"与"00 后"大学生常用的"流行语言"相结合。通过举办思维导图大赛、"画"说五中全会等活动，寓教于乐。

二、开展国际交流活动，提升学生全球视野素养

重视"全球视野"培育，提升学生的眼界和思维格局。利用学院外教资源，开设了工商英语角，以"地道口语""中外经典荟萃""模拟联合国""英语猜灯

谜"等为主题开展交流活动,提升学生的全球视野。2021 年已举办 30 余次,受众人数 600 余人,受到师生好评。开展"名企交流研习地"活动,让学生进入企业,了解名企发展历程,扩充学生知识结构,先后走访了美国道富银行、铭龙控股集团、西奥电梯等 10 余家企业。开展"海外访学交流会"等活动,先后组织学生寻访肯塔基大学、悉尼访学等,回来后组织召开分享会,让同学们感受到来自国际分享者的不同视角与思维。

三、拓展创新实践活动,提升创新能力专业素养

首先,夯实创新创业竞赛助推基础。学院创建竞赛"项目库",完善项目传承和积累;建立竞赛"人才库",解决组队难题;完善竞赛"导师库",提供竞赛专业指导;丰富创新创业活动形式和内容,形成创新创业氛围。

其次,开展职业经理人活动,培养职业经理人专业素养。开展"我是职业经理人"精英挑战赛,全面提升学生"听""说""读""写""研""创"等素养;成立职业经理人俱乐部,聘请了 100 名优秀校友担任职业经理人社会导师,结对助力职业经理人养成;设立职业经理人移动课堂,实现校内校外、理论实践无缝对接(见图 3-3)。

图 3-3 市场营销专业"职业经理人"课堂

图片来源:浙江财经大学工商管理学院官网,https://cba.zufe.edu.cn/info/1197/7125.htm。

最后，深化专业型社团建设，形成职业经理人培养氛围。工商社团推出了"营销风情街""娃哈哈营销大赛""人力资源知识竞赛""物流仿真设计大赛"等一系列有影响力的精品活动，进一步提升专业能力。

四、开展社会服务活动，培养学生责任担当品质

学院通过开展各类志愿服务活动，培养学生的责任担当品质。发展青年志愿者协会，每年开展活动50余次，注册人数达1000余人，累计志愿小时数上万+，服务人次超十万，连续6年被评为浙江财经大学优秀志愿者分会、杭州市志愿服务先进集体、双百双进共建基地典型等；引导学生参与社会实践，近4年来，学院先后累计组织实践团队50余支赴全省各地开展社会实践，建立社会实践基地30余个，多支团队获省级立项，2支暑期社会实践团队被评为省级优秀团队，8支暑期社会实践团队获评浙江财经大学暑期社会实践"十佳团队"；相关社会实践活动受到了人民网、新浪教育、中国教育在线等媒体报道100多次；鼓励毕业生投身两项计划，5名毕业生参与其中。

第二节 职业经理人培养计划的实施举措

一、以"职业经理人"项目平台，全员育人弘扬工商文化

1. 项目资金保证，教育师资丰富

学院师资雄厚，在专业人才培养规格、专业建设水平、教学团队建设、课程建设层次、实践教学基地建设及科研服务教学等方面都取得了重大突破。浙江国锐数字科技有限公司向学院捐赠200万元，设立"国锐"基金，为培养出更多高素质的数智化"新商科人才"助力；浙江妙道互联网技术有限公司向学院捐赠

40 万元，设立"妙道"基金，支持学院产教融合和人才培养教育工作，希望能培养出更多高素质的职业经理人队伍；2010 级 MBA 校友、杭州云算信达数据技术有限公司董事长许林伟代表公司向母校捐款 100 万元，定向设立"云贷 365 职业经理人"成长教育基金，用于学院"职业经理人"人才培养项目；上海高顿教育培训有限公司捐赠 10 万元，定位于学院师生的创新创业专项基金。

2. 以体验式培育与创新实践带动大学生主动投入文化学习

为配合学校有关本科生培养方案改革，学院先后赴中南财经政法大学、东华大学等 7 所高校，就人才培养方案、中外合作办学模式、课程设置、教学管理等方面进行了专题考察调研，完成了专业发展规划，进一步明确了专业未来发展方向和全员育人的教育目标要求。打造"工商大讲堂"品牌，共邀请了以托莱多大学校长纳吉·纳加纳桑、杰出校友尼加提等专业名家为代表的 20 余人，作相关报告和座谈交流。现拥有校级社团等 6 个，学生会员 1200 余人，每年开展活动 60 余项。人力、市营、素拓、物流等学术性社团先后被评为校"十佳社团"，有 6 名会长先后被评为校十大杰出会长，多名教师获"优秀指导教师"称号。

二、创新团建组织网络与工作体系，弘扬社会主义核心价值观

1. 加强"公寓、教学班级、学生团体"团组织活动建设

"职业经理人"项目活动在组织策划中十分注重学生的参与性、创新性和实践性，围绕不同的活动主体，促进大学生在多样的实践活动中提高技能，提升思想境界，坚持理想信念。

创建"公寓团组织""教学班级团组织""学生团体团组织"，分别在"中国梦教育、核心价值观、与信仰对话"的思想引领上和"我与我的祖国、我和我的大学、我和我的学院"的感恩爱校方面开展红色思想教育活动。例如，"五月的鲜花"表彰大会，团校、青年干校培训班，"三走"活动，班团组织建设年、

团日活动、班级风采，思政教育超市创意思政，团支部文化节，平凡英雄、十佳青年，团学建设成果展，"浙财商学""青年新干线"等，通过团建创新使团的组织活动类型丰富、有特色，加快团的工作延伸，使学校团组织成为学生思想教育、校风学风建设、学生素质拓展的阵地，使团的组织成为团结教育青年大学生的有效载体和实践平台。

2. 加强团的组织延伸和主导性作用发挥的引导宣传组织

公寓团组织包括"寝室团小组、楼道团支部、公寓团总支"；教学班级建团以课堂团支部为主体；学生团体建团指在校学生会、学生社团、青年志愿者等组织内设立的团支部。通过以上建设，逐步形成分层、分块、分类的团的管理体系，交叉构成团的组织网络，弥补学院团建工作的不足，保证团的组织延伸和主导性作用的充分发挥。

3. 理想信念、爱国爱校、公德素质、健心自强四品教育

以国庆、抗战胜利、五四运动、一二·九运动等时间节点为契机开展了"社会主义核心价值观""班团组织建设""三无两高学风建设""主题团日""红歌唱响浙财·商"等系列主题教育活动，先后有《钱江晚报》、《浙江在线》、浙江教育新闻网等数十家媒体进行报道。学院团委还积极承办了"浙江财经大学纪念长征胜利八十周年知识竞赛"，反响强烈。浙财商学微信平台在思想引领工作的基础上继续创新宣传形式，多次进入全国高校院系微信风云榜的前列。此外，在原有"工商新青年""团情新干线""飘扬的团旗"等宣传阵地的基础上开辟"商·立方"和"团情连线"专栏，不断推进思想教育工作。在爱国爱校方面组织开展演讲赛、辩论赛、知识竞赛，爱国电影展播、理论宣传，迎校庆系列活动，为青春代言，"学院楼护卫队"，金点子征集活动等；通过志愿者文化节，困难帮扶一元钱，诚信教育文明修身工程的公德素质教育和朋辈帮扶工程，心理健康教育，分类引导"三困生"的健心自强教育，发扬红色思想。

三、以文体活动为载体，锻炼听说读写的能力

1. 以文体技艺与视野拓展引领大学生丰富生活

缤纷舞台：十佳歌手、主持人大赛，演讲比赛、朗诵比赛、辩论赛、征文赛、迎新晚会、毕业生晚会等大型展示平台将学生最佳状态呈现给所有观众，增强了学生的自信心。很多参加过比赛及体验舞台的同学都觉得此类活动在提升勇气和锻炼意志的同时提升了听说读写的能力，激发同学们更高的参与热情。

悦动操场：新生篮球赛、足球赛、排球赛，综合素质拓展大赛，毅行活动，学生的参与度非常广。比赛由学生组织策划动员，很好地调动了学生的积极性，在锻炼体魄毅力的同时提炼精神。

活力公寓活动：寝室长论坛、工商书屋、商学家园优秀学风寝室。以美化学生生活环境，丰富大学生宿舍文化生活，构建和谐宿舍、校园为目的，要求寝室卫生整洁，学生遵章守纪，展现优良的思想面貌、学习风气、室员关系及宿舍独特元素，充分调动学生的动手能力，并促进寝室成员的交流与了解，互爱协作。

2. 以综合学习与素质拓展引领大学生体验生涯

"工商管理案例教学实验室"获得浙江省财政厅经费支持，同时获得中央财政专项资金支持的"学生管理能力训练与测评实验室"已建设完毕验收完成，投入使用，学院被授予"商务谈判实践教学示范基地"称号。

社会实践活动蓬勃开展。先后累计组织实践团队 21 支赴全省各地实践，建立社会实践基地 20 余个，多支团队获省级立项，有 1 支实践队被评为"全省社会实践活动优秀团队"。

志愿服务积极深入开展。近 3 年来，学院志愿者开展公益活动 120 余次。学院青年志愿者协会以总分第一的成绩获"优秀志愿者分会"称号，学院多名毕业生参加了大学生志愿服务西部计划和浙江省欠发达地区计划，形成整体蓬勃昂扬的院风学风。

四、以专业比赛、竞赛、培训为契机，培养研辨能力

1. 加强校企共建平台的搭建

2013 年以来学院实习基地总数已达到 73 个，涵盖了学院所有专业。依托企业家俱乐部，加强了校友工作，搭建了学院校友捐赠平台。

2. 加强竞赛团体合作的建设

积极推进大学生学科竞赛活动，组织参加了管理模拟大赛、创青春、管理案例精英赛、尖烽时刻等国内外赛事，获第 15 届全国 MBA 培养院校企业竞争模拟大赛三等奖、第四届全国管理案例精英赛华东赛区最佳新锐奖、全国大学生创业大赛 MBA 专项赛决赛优秀奖等奖项。举办"在杭高校营销策划大赛""简历设计大赛""模拟招聘大赛""勇往职前——在杭高校应聘技巧联赛决赛"以及校级浙江省经济管理案例分析大赛等校院级赛事十余次，并均在其中取得佳绩。学院对团体竞赛的宣传发动、组织落实进一步激发了师生投身实践教学之中的积极性和创造性。

3. 加强特色品牌活动的建设

移动课堂走进义乌小商品城、青岩刘村、梦想小镇等电子商务、互联网金融发展等前沿阵地。"职业经理人"项目活动自开展以来，一直以走精品路线、做特色活动为指导，以宣传引导与创新实践互补为原则，力求将活动形式及内容多样化、独特化，不断向同学传递学习的乐趣，感受文化的魅力。通过工商大讲堂、工商书画、捐书助读、红歌快闪、企业家俱乐部等活动，不断拓宽活动形式，丰富活动内涵，并通过实施项目制管理，确保活动内容新颖，特点突出，加强了活动的特色建设。

五、以"综合导师+"模式为依托，推进学生创新创业

1. "综合导师+"双创培辅模式

双创培辅模式即以专业教师、综合导师、班主任、教学秘书、辅导员、班导

等为力量依托,全方位开展育人工作,专业教师负责课程教学及反馈;综合导师指导学生科创竞赛、实习就业、考研出国事宜;班主任、辅导员针对班级大小事务、事无遗漏地给予回应解决;教学秘书负责学生的学风管理和教学整理;班导担任新生的朋辈学习导师。

2. 加强大学生创新创业复合型人才培养建设

学院举办科创讲座 15 次,科创孵化项目对接 4 次。获得省级学生"挑战杯" 4 项,"经济管理案例"大赛 6 项。立项"新苗人才"计划 7 项、校"大学生创新创业与职业规划"大赛获 22 项。近 3 年来,学院大力扶持大学生进行自主创业,建立了中粮集团、保利地产、苏宁电器等就业创业见习基地 18 家,开展实习生招聘会 5 场,为大学生创新创业复合型人才培养建设提供了实践保障。

第三节 职业经理人培养计划的实施过程

职业经理人培养计划以专业学科背景为依托,搭建政府、学院、企业、家庭合作共建框架,构建"院—企—政—家"模式,以企业家俱乐部为依托,通过俱乐部活动、实地企业调研,模拟公司实践管理,举办职业经理人大赛,团学育人,为学校、社会输送具有财经功底、管理才能、创业能力、创新精神的未来企业家和职业经理人。

一、教育管理升级,落实全员育人

以浙江财经大学"十四五"发展规划及综合改革方案为指导,紧紧围绕人才培养核心目标,结合学院实际,整合各方资源,全员育人,协同发展,全面推进学院人才培养目标的实现。学院成立全员育人工作领导小组,院长任组长、党委书记任副组长,其他各班子成员为组员,负责该项工作的政策制订和管理。领导小组办公室设在学院教学办，负责相关管理细则的制订、实施及相关人员的考核。

二、按年级分类引导，打造六项全能

注重对大一年级学生的入学引导，帮助学生适应大学生活，培养良好学习习惯；初步形成自我规划，合理选择考研、出国、创业、就业等发展维度，为后续学习明确方向；通过专业教育提高学生对本专业的认知度和认可度，控制转专业率；侧重对学生语言文字表达能力、心理抗压能力的培养；其培养载体如新生入学教育、寝室文化节、新生辩论赛、大学生综合素质拓展大赛等。

注重对大二年级学生专业学习兴趣的培养，做好学生专业知识培育；明确学生个体发展方向；侧重对学生专业能力、策划组织能力、沟通协调能力的培养；其培养载体如考研俱乐部、留学俱乐部、创业俱乐部、学生专业社团等开展的各类活动。

注重对大三年级学生综合管理能力运用的开发和培育；侧重决策能力、创新能力、应变能力、驾驭能力的培养；其培养载体如社会实践、学科竞赛、创业大赛、职业经理人大赛等。

注重对大四年级学生的社会认知教育，帮助学生适应社会人角色转变，做好踏入社会的衔接准备工作；侧重战略管理能力、资源整合能力的培养；其培养载体如专业实习、生存实践等。综上所述，大学生的听说读写研创能力在学院全员育人的理念和"职业经理人"项目的培育下会得到一个全面的提升。

三、树立人生理想，升华生涯价值

职业经理人培养计划以"培育职业经理人，成就未来企业家"为中心，依托完善的活动体系，理论基础与动手实践相结合，团队合作与个性思维相结合，专业指导与自主学习相结合，符合时代特色，强大的教学团队，全新的培养模式,使学生在接受式、参与式的活动基础上对人生有所思、有所悟,进而树立远大的人生目标,成长为新时代六项全能的优秀的营销管理人才。

第四节 职业经理人培养计划的特色成效

学校学院历来重视学科专业特色培育和校园文化建设的关联,重视学院文化品牌的培育,使学科专业发展为人才培养服务。近年来,学院一直积极探索,不断实践创新,依托学科专业特色背景,逐步积累形成了以"培育职业经理人,成就未来企业家"全员育人为目标的"职业经理人"教育项目。活动成效显著,媒体高度关注。每年相关活动都得到了《浙江在线》、《钱江晚报》、浙江教育新闻网、市县电视台等数十家媒体的相关报道转载。

一、内容形式丰富,学生参与面广

2017 年以来,学院先后组织开展了创未来·创新创业论坛、新生商业菁英训练营、"互联网+"大学生创新创业大赛重点培育项目集训营等活动近 60 项,参与学生人数近 9000 人,做到每年平均举办创新创业相关讲座 10 余次,月月有活动,次次为精品。

二、注重活动实效,育人成效显著

近 3 年来,各类学科竞赛获得省级及以上奖项近 100 项。在"互联网+"大学生创新创业大赛、挑战杯竞赛中,近 3 年获得省级及以上奖项 10 余项;国家级大学生创新创业训练计划项目、浙江省大学生科技创新活动计划(新苗人才计划)立项近 50 项;近年来,学院升学率近 30%,多人被浙江大学、复旦大学、哥伦比亚大学、爱丁堡大学等国内外知名院校录取。

三、活动特色鲜明，社会影响力大

2018 年以来，学院职业经理人培养系列活动被《中国教育报》、学习强国、杭州电视台生活频道、《光明日报》、《浙江日报》、《杭州日报》、《浙江教育报》、《浙江青年报》、《钱江晚报》、新华网、光明网、学习强国、凤凰网、央视网等国家级、省级媒体进行推送报道 200 余次。

四、开展"学、练、赛、训、创"进阶培养

学（理论学习）、练（模拟演练）、赛（学科竞赛）、训（管理实训）、创（创业实作）。主要改革措施如下：

1. 开设综合性实践性课程

工商管理的核心模块（战略管理、市场营销、运营管理、人力资源、财务管理）开设独立实践性课程，实现学与练的融合。

2. 学科竞赛深度嵌入课程体系

如"全球商务模拟"课程嵌入"尖烽时刻"商务模拟大赛，"商务策划""市场营销""创业管理"等课程嵌入创新创业大赛内容，极大提升学生竞赛能力。

3. 针对性地开展有专业特色的活动

根据学科特色，针对性地开展经济管理案例竞赛、创业大赛等有专业特色的创新创业活动，促进综合能力培养。

五、校内校外"双师制"协同赋能

1. 校内建立综合导师特色工作室

联合校内多领域跨学科综合导师，以具体项目为载体，引导学生参与学术研

究、社会服务、实习实践、读书研讨、心理疏导,实现学习、生活、思想等全方位的培养,是综合导师制的 2.0 版。

2. 校外聘请企业导师做到"三融入"

企业 CEO 融入课程设计,社会导师融入课堂指导,职业经理人融入学科竞赛(见图 3-4)。

图 3-4　"我是职业经理人"精英挑战赛

图片来源:搜狐网,https://www.sohu.com/a/355489731_757685。

经过努力,"四元耦合"(IRIP)导向的职业经理人培养计划,以其鲜明的主题和丰富的活动形式,深受校内外一致好评,取得了较好的实践育人成效。

第四章

导师共创：智能家电营销综合导师特色工作室

第一节 综合导师特色工作室的创建背景

一、主要解决的育人问题

1. 全方位整合资源，共同参与、精准发力，实现多维度育人

改变现行本科人才培养模式下专业知识教育与思想政治教育区隔，教师重科研、重论文和重文献等远离社会实践的倾向。

2. 全过程贴合学生成长规律和个性发展需求的综合导师制度

改变现行本科人才培养模式下导师制虚化、师生关系疏远、难以激发学生兴趣等问题。

3. 全领域引导学生求真学问、练真本领

改变现行本科人才培养模式下学生目标缺失、学业挑战度等问题，构建合理"增负"的职业经理人教育系统。

二、解决育人问题的方法

1. "五位一体"全员育人体系

学院率先成立全员育人领导小组，设立全员育人办公室，主抓育人工作的落实。通过思想引领做好品德教育，通过科研竞赛做好品质教育，通过文体生活做好品味教育，通过健心自强做好品格教育，通过公益实践做好品行教育，形成相得益彰的"五位一体"全员育人体系（见图4-1）。

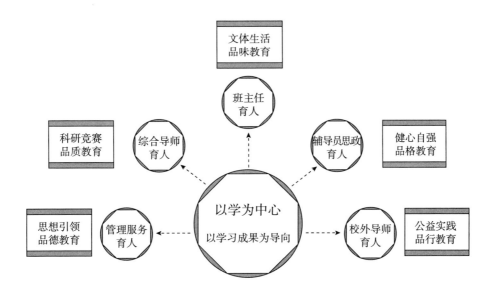

图4-1 "五位一体"全员育人体系

2. "以学为中心"课堂教学改革

学院教师积极实践"以学为中心"的课堂教学改革和"以学习成果为导向"的课程考核改革。学院率先设立院长杰出教学奖、院长教坛新秀奖，重奖激励教学，树立优秀教学标杆。

3. "四年一贯"全程育人路径

一方面，综合导师制的纵向拓展。综合导师制工作严格贯彻三个"一切"：一切为了学生，为了学生的一切，为了一切学生。学院从综合导师坐班制度、综合导师考核制度、优秀综合导师评选制度，夯实"四年一贯"全程育人路径（见图4-2）。

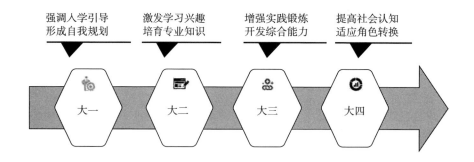

图4-2 "四年一贯"全程育人路径

另一方面，综合导师制的横向拓宽。综合导师特色工作室是在原有单一导师制基础上，以具体项目为载体，引导学生参与学术研究、社会服务、实习实践、读书研讨、心理疏导，实现学习、生活、思想等全方位的培养，是综合导师制的2.0版。

基于此，育人体系以本为本，全员参与、全程监管、全域覆盖，使所教之学真正入耳、入脑、入心。以本为本，全员育人：管理服务品德育人、综合导师品质育人、班主任品位育人、辅导员品格育人、校外导师品行育人；以生为本，全程育人："四年一贯"综合导师注重时间纵向育人，"特色项目"综合导师工作室注重团队横向育人；以质为本，全域育人：以"职业经理人"五项系列为载体（俱乐部、文化培育工作站、移动课堂、寒暑假集训营、百家研习地），全力打造职业经理人。

第二节 综合导师特色工作室的育人特色

一、组建智能家电营销综合导师特色工作室的目的

智能家电拥有"3I"特征，即智能化（Intelligent）、互联网化（Internet）、平台化交互（Interactive）。近两年，随着海尔、方太等国内的家电龙头企业在智能家电领域发力，智能家电慢慢从概念落实为产品。家电产品、信息设备的互联互通，是未来家电智能化的必然趋势，同时，智能家居家电行业的发展，也是适应全球消费性电子产品新趋势和满足用户需求的必然选择。工信部数据显示，智能家电市场规模已从 2016 年的 2000 亿元增加到 2022 年的 5000 亿元。这些数字所释放的信息，预示着智能家居家电在国际、国内市场将有广阔的发展前景。

从行业整体来看，智能家电领域历经 10 余年的探索，目前已过了启动期，各大家居家电生产企业都开始从不同的切入点布局，手表、手环等智能小家电产品也开始显露头脚，但智能家居家电的发展还存在着很多难题，未来仍有很长的路要走。从用户角度来看，价格偏贵、用户体验差、安装难、缺少关键应用等都是阻止消费者购买智能家居家电的重要原因。从企业角度来看，没有确定的模式可以借鉴，没有统一的标准可以参照，跨界企业竞争激烈，不同品牌之间的家居家电互联互通困难，这些也都阻碍了智能家居家电的快速发展。

"智能家电营销综合导师特色工作室"着力打造"教学产训"一体化，以智能家电营销为抓手，聚焦人工智能、物联网、云计算、大数据产业，通过丰富的高端展会、行业论坛、项目路演、企业参观，助力师生的共同成长。

二、智能家电营销综合导师特色工作室的特色活动

1. 创建一个校级"智能家电营销创新实践基地"

通过引入行业协会作为共建单位，充分利用了社会组织的凝聚作用，学校、行业协会、企业三方共同培养、资源共享，合作方式从参观实习、人才培养、毕业生就业到产学研合作全面展开，创建一个校级"智能家电营销创新实践基地"。

2. 深入两个智能制造生产基地，调研数字时代的体验营销

如图4-3所示，组织学生、教师分别前往浙江永康众泰总公司品牌经营部、浙江杭州益维汽车工业有限公司进行实地访谈，分别了解众泰的发展历程、运营现状、"口碑+体验式"的营销策略以及众泰汽车的生产流程、工艺、市场表现等信息。

时间	地点	访谈对象	议题	活动照片
2017年5月20日	浙江永康众泰总公司	品牌总监徐洪飞、市场部运营科科长章圆	发展历程、运营现状、"口碑+体验式"的营销策略	
2017年6月23日	浙江杭州众泰生产基地	服务部和产品部工作人员	生产流程、工艺、市场表现、参观制造基地	

图4-3 "智能家电营销综合导师特色工作室"企业调研

图片来源：浙江财经大学工商管理学院官网，https：//cba. zufe. edu. cn/info/1035/2328. htm，https：//cba. zufe. edu. cn/info/1035/2405. htm。

3. 孵化三支跨学院跨专业学生队伍，参加创新创业竞赛

分别以《汽车与新媒体公关实践服务团》《一泰一路——数字时代众泰汽车

体验营销研究》"Research on Wensli Event Marketing"为主题，带领学生参加暑期社会实践、浙江省大学生经济管理案例竞赛、"外研社杯"全国商务英语实践大赛（见图4-4），取得佳绩。

图4-4　指导学生参加"外研社杯"全国商务英语实践大赛

图片来源：浙江财经大学教务处官网，https://jwc.zufe.edu.cn/info/1033/4746.htm。

4. 参加四场高峰论坛和行业展会，全方位了解行业发展动态

如图4-5所示，为了多角度、全方位了解人工智能、"互联网+"、大数据、物联网的行业发展现状与趋势，组织师生参加了4场高峰论坛和行业展会，收获了类型多样的知识、课程、讲座、论坛。

2015年1月至2017年12月，在成立智能家电营销综合导师特色工作室之前，首席导师已建立智能家电营销创新实践基地，并于2015年6月带领学生开展"探智能家电，展宁波未来"暑期社会实践（见图4-6），获得十家媒体报道，发表一篇学术文章，团队获省级暑期社会实践优秀团队表彰，指导老师获暑期社会实践优秀指导老师称号。

时间	地点	访谈对象	议题	活动照片
2017年 7月9日	浙江 杭州	"未来已来" 全球人工智 能高峰论坛	聚焦AI 畅想未来	
2017年 7月13日	浙江 杭州	网易云创 大会	网易云 1+X体系	
2017年 7月7日	浙江 杭州	第二届国际 "互联网+" 产业交流 （杭州）峰会	人工智能 万物互联 信息存储	
2017年 6月23日	浙江 乌镇	i创中国2017 乌镇"互联 网+"专场	物联网 智能制造 人工智能	

图4-5 带领学生参加行业展会

图片来源：浙江财经大学工商管理学院官网，https：//cba. zufe. edu. cn/content. jsp？urltype = news.

NewsContentUrl&wbnewsid = 2181&wbtreeid = 1046。

图4-6 "探智能家电，展宁波未来"暑期社会实践

图片来源：浙江财经大学官网，https：//www. zufe. edu. cn/info/1054/11714. htm。

　　智能家电营销综合导师特色工作室成立一年时间以来，工作室第一阶段的工作重心是建设"教学产训"一体化实训场所，具体做法：与行业协会签订实习实践基地，整合智能家居家电会员单位的共同力量，打造行业型基地，满足教学、生产、实训等需求的教学场所（见表4-1）。

表4-1　"教学产训"一体化实训场所

对象	培养质量	内容与措施		预期成果
学生	学术型	调查报告	学术竞赛	调查报告主题聚焦 优秀报告转化竞赛作品
	实践型	交流讲座	实习就业	每学期2场以上交流讲座 每学年5人以上实习就业
教师	科研型	行业调研	课题论文	科学研究主题聚焦 多出成果，出好成果
	教学型	案例教学	双师讲堂	开发企业教学案例 引实践知识入理论课堂
	服务型	企业咨询	定制培训	承担企业顾问 定制员工培训
企业	直接型	定制人才	高校智库	产业学院、企业订单班 专业指导委员会
	间接型	校友反哺	品牌宣传	校友导师辅助生涯规划 校友企业专场宣传介绍会

　　共计开展20场人才培养活动，从活动内容分析，基本实现了工作室成立之初的设想，在学生、教师的共同成长方面进行了努力和尝试。具体培养内容如表4-2所示。

　　在受众方面，学生主要来自工商管理学院以及会计学院、外国语学院，总计达到120人次左右。同时，工作室提倡实践教学反哺科学研究，提升教师的科学研究能力。本年度支持4位教师参加3场学术会议，进一步夯实研究能力，提升研究素养。

表 4-2　"智能家电营销综合导师特色工作室"培养内容

培养内容		
针对学生	针对教师	针对企业
高端论坛	案例开发	咨询培训
交流讲座	企业调研	高校智库
学术竞赛	双师讲堂	定制人才
实习就业	课题论文	品牌宣传

第三节　综合导师特色工作室的开展情况

一、智能家电营销导师工作室的开展情况

1. 特色

"教学产训"一体化，以智能家电营销为抓手，聚焦人工智能、物联网、云计算、大数据产业，通过丰富的高端展会、行业论坛、项目路演、企业参观，助力师生的共同成长。

2. 活动组织

创建一个校级"智能家电营销创新实践基地"。深入 2 个智能制造生产基地，孵化 3 支跨学院、跨专业学生队伍，参加创新创业竞赛。参加 4 场高峰论坛和行业展会。

3. 参与学生数

共计开展 20 场人才培养活动。受众学生总计达到 120 人次左右。本年度支持 4 位教师参加 3 场学术会议。

4. 育人成果

2017 "外研社杯"全国商务英语实践大赛华东区域赛二等奖一项，优秀指导

老师；浙江省大学生经济管理案例竞赛三等奖一项；校级暑期社会实践重点队伍一支。同时，指导学生荣获由上海交通大学媒体与设计学院及国际传播学会（ICA）共同主办的"2017新媒体国际论坛"优秀论文奖。

二、健康四心导师工作室的开展情况

1. 特色

健康四心指"知心""理心""暖心""开心"。以心理健康教育为核心，密切联系学院师生，整合学院资源，通过专题讲座、心理咨询、团体辅导、读书沙龙、心理学电影赏析等丰富多彩的形式，普及心理健康知识，提高学生的心理健康水平，为全院学生的心理健康发展服务。

2. 活动组织

工作室围绕心理健康和职业发展两个主题，共组织了相关专题讲座活动4次。创办了"嘀哒幸福"微信公众号。

3. 参与学生数

5名学生来访，针对6名学生进行一次心理访谈。

4. 育人成果

本学期工作室共组织了心理健康和职业发展等主题活动4次，同时进行了心理咨询6次，帮助学生解决在学习生活中遇到的心理问题，提高学生心理健康水平，学生反映良好，基本达到了预期目的。工作室两位导师分别指导学生参加了浙江省大学生科技创新活动计划（新苗人才计划）。

三、大学生实习实践规划指导咨询工作室的开展情况

1. 特色

基于"学校—实践教育基地—企业"架构的"目标—路径—机会"三位一

体人才培养体系，致力于解决大学生从校园进入社会"最后一公里"的问题。导师团队采用"3+N"模式，日常由学院 3 名综合导师负责营运维护，另外由若干不同专业背景导师参与。可提供的导师服务包括：入职前专项培训、企业管理专业人士指点迷津、大学生自我角色定位与能力评估、大学生职业生涯发展路径规划、在校生企业实习实践机会、大学生个人形象指导等。

2. 活动组织

邀请企业专家"走进来"，进校园、进课堂，为大学生提供丰富的社会实践经验分享与交流。指导学生"走出去"，积极投身广袤的社会实习与实践。参观考察中国人工智能小镇会议；参与调研杭州远升科技有限公司暑期社会实践；组织人力资源管理专业本科生参加浙江锐思科人力资源服务公司方彬副总经理"校友的 HR 价值观与职场经验"讲座；参与杭州远升科技有限公司 HR 郑科春讲授的互联网金融企业员工激励计划；组织本科生职业生涯规划咨询。

3. 育人成果

学生对未来物流和仓储配送的实践发展有了前瞻性的了解和认识；指导人力资源管理专业 4 名学生参与调研杭州远升科技有限公司暑期社会实践，并撰写完成专业实践报告和经济社会调查报告；推荐 2016 级人力资源管理专业的本科生陈锋实习，已成功拿到杭州远晨辰网络科技有限公司的实习生资格；推荐 2015 级人力资源管理专业本科生舒鑫雷实习，已成功拿到杭州诚邦园林股份有限公司的实习生资格。

四、经典阅读综合导师工作室的开展情况

1. 特色

拓宽视野，拓展学生的知识面，培养良好的读书习惯，防止知识碎片化；培养学生管理专业思维，强化管理专业自信；为优化学风基础提供助力；逐步培

养、锻炼大学生基础能力。

2. 活动组织

建立以来，先后就管理者工作训练、领导者选择、领导方法等主题举办了 5
次读书活动。

3. 参与学生数

先后 3 次举办了《鱼》的读书活动，参与对象是工商管理专业的学生，共
38 人次；组织曾垂凯老师面向全院师生"禅宗智慧与领导力开发——以禅宗第
六代接班人识拔为例"的读书讲座，参与对象包括工商管理、人力资源管理、市
场营销专业的师生 33 人；组织赵昶老师面对全院师生"淡之颂：老子的领导艺
术"的读书讲座，参与对象包括工商管理、人力资源管理、市场营销专业的师生
28 人。

4. 育人成果

有计划、有针对性地引导大学生通过读书活动，培养大学生自主获取知识的
能力，塑造良好的专业思维，锻炼专业定力，为职业经理人生奠定坚实的基础。

五、快乐竞争力导师工作室的开展情况

1. 特色

"发展快乐竞争力，收获幸福人生""树立积极价值观，赢得竞争优势"。结
合大学生的心理特性，借鉴"快乐竞争力"的理念，并参考积极心理学之父马
丁·塞利格曼的幸福 PERMA 模型，提出构成大学生幸福要素的"幸福魔方"模
型，包括积极自我、快乐情绪、和谐关系、实现价值、应对挫折与平衡时间六个
方面。

2. 活动组织

（1）特殊需求的团队活动。由刘国珍与吴丽民两位老师组织了一次"发现

自我优势"的团队活动，主要目的是发现自身优势。

（2）课堂团队活动。袁山林老师在"大学生积极心理学"课堂上，采取团队活动的形式进行积极思维导向的引导。

（3）在课堂教学中融入积极心理学的理念。快乐竞争力发展工作室的 3 位老师都长期关注并实践着积极心理学和快乐竞争力理论。

3. 人才培养结果

快乐竞争力是一种隐性的竞争力，不像学习能力等可以进行量化考核。目前的工作重点是积极塑造学生的自我意识。从学生的感谢信中可以看出学生具有感恩之心，并善于表达出来。参加过团队活动的学生也表示，对自己有了新的认识。培养学生潜在的能力。学生能与老师这样积极地沟通，可以预见，他们的人际沟通能力会有较好的改善。

六、创新创业导师工作室的开展情况

1. 特色

致力于发展学生的创业机会识别、评估和开发能力，聚焦于创造性思维能力开发和成功智能培养。以组织和指导围绕创新创业活动/项目的调查与孵化为抓手，促进学生创新意识养成、创业精神激发和创新创业型心智特质形成与改善，创新创业自我效能感和创业意愿提升，创新创业知识学习、能力提升和技能训练。

2. 活动组织

举办以创新创业为中心的专题调研、案例开发和实训实习的组织与指导，创新创业项目的策划、培育与指导，国创和新苗计划等项目的培育、实施与指导，创新创业竞赛活动的动员、指导与实施；寻求企业、政府和社会支持，构建社会合作网络，引入外部资源；建立 4 个教学实践基地，2 个校企合作基地。

3. 参与学生数

学习与培训活动 14 次（学生参与 41 人次，教师参与 35 人次）；参加创新创业竞赛 4 次（学生参与 29 人次，教师参与 3 人次）；带领和指导学生参与研究项目 3 个（学生参与 7 人次）；撰写完成创业案例 11 个；为本院学生提供创业竞赛辅导 1 次。

4. 人才培养结果

许胜江老师指导学生参加校创业计划竞赛、社会经济调查报告竞赛和创青春竞赛，获得三等奖 3 项；指导院级优秀企业调查报告 1 篇；指导学生团队获得"创业管理"课程竞赛第一名。赵昶老师指导学生参加第三届浙江省大学生经济管理案例竞赛，获得二等奖 1 项；许胜江老师带领学生创办公司 1 家。

七、案例开发导师工作室的开展情况

1. 特色

"一案多奖"裂变式培养模式，多工作室协同模式。

2. 活动组织

精心选择社会当下热点与主题，利用平时时间和暑假期间带领学生深入社会与企业，通过理论与实践并举，梳理调查获得一手素材，凝练企业管理特色、提出案例中的管理启示和变革对策。学生从中得到充分体验和锻炼，撰写的成果获得多个奖项，极大地提高了学生的专业自信、理论自信和实践自信，同时也为探索学生培养和教学开辟一个新的方向和方式。

3. 参与学生数

组织调查 10 次，学生参与人数 50 人，教师参与人数 20 人；研究 1 项，学生参与人数 5 人，教师参与人数 1 人；参与竞赛 7 次，学生参与人数 35 人，教师参与人数 6 人。

4. 人才培养结果

2018 届 5 位学生撰写的五芳斋品牌复活案例，分别获得：暑假社会实习调研案例一等奖一次，二等奖一次，浙江省大学生经济管理案例竞赛二等奖，浙江省大学生科技创新活动计划（新苗人才计划）项目一项，发表论文一篇；指导学生参加《经济学人·商论》首届主题调研大赛，入围全国 50 强并获得"优秀团队"荣誉称号。

八、自主性研习导师工作室的开展情况

1. 特色

以"自主、自勉、自得"为理念，以"自主性、开放性、延展性、网络化"为研习特色，遵循"定向选题、阅读感悟、分析研究、讨论交流、积极践行"的五格流程，从学生的实际出发，为每个同学制定个性化的研习目标，并提供 300 多篇/部科研文献资料供学生自主选读，着重培养提高学生的探究性能力、创造性能力、想象能力、思辨能力和论文写作能力。

2. 活动组织

工作室成立以来，共开展形式不同的活动 32 次，除了学生个人自主研习，开展集体活动约 16 次。

3. 人才培养结果

工作室的学生积极参与教师的两项省部级科研项目的研究，公开发表论文 1 篇，获得校级优秀毕业论文一篇，论文习作 20 多篇，获得全国大学生物流仿真设计大赛二等奖两项，省级特等奖 2 项，一等奖 1 项；浙江省大学生经济管理案例大赛二等奖 1 项；考研被录取 4 人。

第四节 综合导师特色工作室的建设成效

一、成果创新点

1. 创建了多方合力的全员育人机制和量化考核管理制度

学院的全员育人机制通过设计科学有效的全员育人领导小组、学科竞赛委员会、学科竞赛小组等管理制度，旨在充分调动全体教职员工的力量，形成合力。在制度的设计中强调绩效考核，以结果为导向，用数据说话，并将考核结果作为管理部门、专业教师、班主任、辅导员、社会导师奖惩的参考依据。

2. 夯实了"综合导师+"的全程育人新路径

成果构建了以全教学周期综合导师为基础，以学术研究、社会服务、实习实践、读书研讨、心理疏导等综合导师特色工作室为核心，全方位地建立多维资源结构、全过程育人机制，切实地打造了"综合导师+"的新育人路径。其中，聘任 100 名优秀校友担任"职业经理人"社会导师组成"导师库"（见图 4-7）。

3. 塑造了"职业经理人"的全域育人生态

以"职业经理人"五项系列为载体：俱乐部、文化培育工作站、移动课堂、寒暑假集训营、百家研习地，将校内校外、理论实践无缝对接，全力打造职业经理人。

二、成果应用效果

1. 形成一支高素质的全员育人"创新师资"队伍

学院党政班子专题研究全员育人理念的落实，通过思想引领做好品德教育；

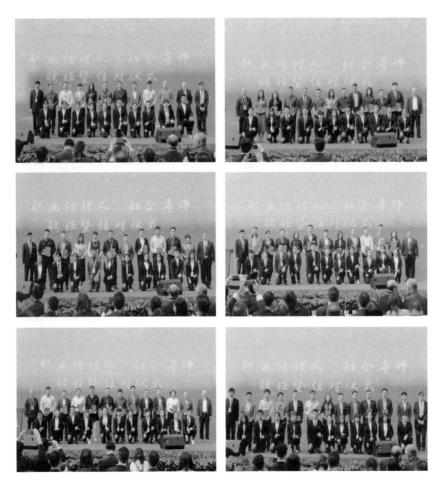

图 4-7 聘任 100 名优秀校友担任"职业经理人"社会导师组成"导师库"

图片来源：浙江财经大学工商管理学院官网，https：//cba.zufe.edu.cn/info/1019/8315.htm。

综合导师主抓专业教育与个人发展，通过科研竞赛做好品质教育；班主任主抓班风与学风建设，通过文体生活做好品味教育；辅导员主抓思想品德与心理建设，通过健心自强做好品格教育；校外导师搭建校外实践就业平台，通过公益实践做好品行教育，形成相得益彰的"五位一体"全员育人体系。

2. 孵化一批高质量的教学研究"创想改革"成果

有浙江省"十三五"新兴特色专业 1 个，浙江省高等教育课堂教学改革项目

4 个，浙江省"十三五"第一批教学改革研究项目 2 个，全国百篇优秀管理案例 5 个，校级翻转课堂建设课程 5 门，校级优质网络示范课程 8 门，校级大类平台课建设课程 3 门，校级实践基地 3 个，另有院级教学范式改革课程 11 门。

3. 培育一批高能力的创新创业"创造青年"群体

学生就业竞争力稳居高位，2018 年为 99.29%。国内外升学率持续提高，由 2016 年的 5.14% 提升至 2017 年的 22.19% 和 2018 年的 24.29%，名列学校前茅。

学科竞赛成绩显著提升。学院学生获得省级以上赛事的数量从 2016 年前年均个位数上升到 2016 年 17 项、2017 年 30 项、2018 年 25 项。

通过深入企业调查，实践导向的优秀毕业论文数量显著提升。2017 年和 2018 年共获得校级优秀毕业论文二等奖 4 篇，占全校一、二等奖总量的 20%。

三、成果推广价值

1. 专业显著提升

工商管理一级学科排名在第四轮全国学科评估中大幅提升，全国位次百分比从上一轮学科评估的 43.48% 上升至本轮的前 20%～30%。全国 63 所具有博士学位授权和 177 所具有硕士学位授权的高校参加了本次一级学科的评估，浙江财经大学工商管理学科列第 49 位。

2. 成果全面推广

教学改革措施与成绩受到国内同行的认可，分别于 2017 年和 2018 年中国高等教育学会商科教育分会年会上进行商科教学改革经验交流。同时，荣获中国高校市场学会教学年会两项教学成果奖。

近两年来，兰州财经大学、邢台学院、河北经贸大学、兰州交通大学等十多所院校来校考察交流教改经验，产生一定的社会影响力。

3. 媒体广泛关注

全国性媒体，如《青年时报》、浙江日报网、中国教育在线、人民网浙江频道、杭州网等以《深入贯彻全员育人理念　夯实人才培养中心地位》《课程考核改革让学生实践中与社会接轨》《浙财大丰富课程考核办法，注重教学效果》为题，对浙江财经大学工商管理学院课程考核方式的改革进行了广泛报道，赢得了社会关注和认可。

第五章

课程共创：精品在线开放课程群
"营销实战模拟"

第一节 "营销实战模拟"课程群建设的必要性

一、"营销实战模拟"课程群开设的受众定位

市场营销是一门应用性极强的学科，相关的教学需要在理论层面训练学生的分析和创造力，然后再培养学生用"抽象"的理论演化成日常市场营销的技巧。这种以营销理论模型为基础，以情景模拟为手段的教学工具可以让营销专业的学生有机会在复杂的模拟现实环境中演练他们学到的各种理论知识，充分体验企业从市场调查、竞争企业分析、营销战略制订到具体的营销战术的决策组织的全部过程，熟悉和了解各种市场调研预测工具的应用。

这种 Learning By Doing（在实践中学习）的方式已经被证实是最为有效的教学方法之一。学生们对于模拟实验的过程抱有极大的兴趣，他们会非常主动地去理解和体验在课堂上学到的各种营销理论、分析工具和操作方法，他们将自觉地从营销战略的高度考虑问题，并且在模拟的过程中不断地分析市场环境、分析对手的策略，然后组织实施和修正他们自己的营销策略。这种真实的挑战是其他传统教学方式所无法给予的。在可能实现的成功或者失败的结果的基础上，对于营

销体系方法的不断运用体会，是"营销实战模拟"课程群开设的意义所在。

"营销实战模拟"课程群开设的受众包括市场营销专业、经济管理等专业学生以及对营销实战能力有迫切提升需求的学生。课程群培养学生熟练运用营销专业知识解决企业营销实际问题，具有较强的实证研究和分析解决问题的综合能力、较强的营销设计策划和市场推广的实战能力、良好的人际沟通技能和团队精神。

二、"营销实战模拟"课程群开设的目标

（1）帮助学生系统地实践、体验和学习营销完整方法体系：从营销环境机会分析到发展营销战略，以及制定具体营销决策和持续的营销管理。

（2）同传统教学方式相比可以极大地激发学生的学习兴趣。

（3）在模拟的环境中，学生们能够获得实践的经验而不必承担错误决策的后果。

（4）帮助学生实践和体验真实的竞争环境。

（5）学生们通过模拟过程体验合作精神、学会如何同一个小组一起工作。

（6）在现实中需要几年的决策实践过程可以压缩在几个星期或几天来完成。

（7）丰富教学手段，给学生的学习过程带来更多的体验而不是简单的讨论。

（8）很快得到学生对于教学效果的反馈信息。

（9）能够结合教学计划教授和应用大量的营销分析工具和方法。

三、"营销实战模拟"课程群开设的课程

1. 筑牢专业知识

"市场营销学（双语）"的基本授课思路是将市场营销学的理论知识与模拟创业计划书相结合，引导学生深入分析消费需求，探寻市场商机，制订可操作性

强的创业方案，直至推向实战市场。学生们分成多个小组（2~4人），分别扮演各个虚拟企业的营销小组角色，他们的职责是分析市场环境，发展公司营销战略，围绕"4P"核心制订各种具体营销决策方案来争取各自公司的成功。

2. 讲好中国故事

"新媒体时代的公共关系"秉承"以文化育人"的"博雅"教育理念，将知识传授与价值引领相结合，以文脉打通媒介与公关两个关键词，通过理论环节、媒介专题与公关实践相结合的形式构建整个教学体系。课程是学校2016年起立项的通识课程，课程案例弘扬主旋律、具有时代感，同时激发青年学子立时代之潮头、通古今之变化、发思想之先声，主动承担起记录当下、传播优秀文化历史使命的公关传播。具体包括：

（1）中国梦的故事。围绕中华民族复兴、中国模式、"一带一路"、工匠精神等国家叙事展开故事文本创意与表现。

（2）中国品牌的故事。围绕中国城市、美丽乡村和民族企业产品等品牌叙事，展开故事文本创意与表现。

（3）中国文化的故事。围绕春节文化、汉字文化以及儒释道文化等文化叙事，展开故事文本创意与表现。

3. 传播多元文化

"国际营销（双语）"以现实中存在的市场和商品作为模拟的环境，通过剧情（Scenario）载入的方式，以便在一个通用的模型基础上拓展到不同的市场环境中。"营销之道"软件3D动态模拟，计算机演练营销环境中各种环境因素、各种战略决策和各种可能的市场运作结果之间的复杂关系。

四、"营销实战模拟"课程群的实验设备基础

"营销实战模拟"构建了课程体系中的实践教学、案例教学、软件模拟实践

教学三个层次，相互关联的实战模拟课程组，并且获得浙江省省属高校实验室建设专项资金 103 万元，建有市场营销实验室，采购了贝腾营销之道软件、南京世格软件有限责任公司出品的 SimMarketing 营销模拟系统等相关实验软件。与本实验室项目有关的全校性课程有："市场营销学（双语）""新媒体时代的公共关系""国际营销（双语）"等（见表 5-1）。

表 5-1 "营销实战模拟"课程群的前期建设基础

层次	课程	实践内容	组织办法
第一层次：课程体系中的实践教学	市场营销学（双语）	营销基础认知实践	依托实践基地开展了企业参观、营销人员访谈、营销经理人讲座等形式多样的实践教学
第二层次：课程环节中的实践教学	新媒体时代的公共关系	了解并解决企业实际问题（项目式教学）	引导学生将课堂的理论知识与公关实践结合起来破解难题
		了解市场需求，寻求市场机会（创业式教学）	了解市场需求，以公共关系策划文本进行汇报
第三层次：软件模拟实践教学	国际营销（双语）	营销能力训练实践	将实践教学与仿真软件模拟联系在一起，最大限度地让每一个学生参与实践

第二节 筑牢专业知识："市场营销学（双语）"课程建设

一、课程的受众定位

本课程的受众主要是市场营销（中外合作）学生、金融（中外合作）、会计（中外合作）学生、工商管理专业留学生，以及非工商管理专业留学生。浙江财经大学于 2013 年开始与美国托莱多大学合作举办市场营销（中外合作）

项目。基于营销专业前期厚重的积淀，中美项目建设正在形成更加鲜明、更具个性化的特色，即"扎根浙江、放眼全球，具有国际视野的营销专业人才培养体系"。

值得一提的是，随着浙江财经大学留学生规模的逐步扩大，"市场营销学（双语）"的留学生授课人数也在不断增长。根据教育部统计数据，2017 年来华留学生突破 48.92 万人，继续保持近十年来华留学人数年均增长率 10%以上。留学生生源方面呈现两大显著特征：一是来华学习的专业选择打破了以汉语学习为主的格局，接受学历教育的比例达到近半数，就读学科前三位依次是文科、工科和管理；二是"一带一路"沿线国家学生数量增长明显，2017 年"一带一路"沿线 64 个国家在华留学生 31.72 万人，占总人数的 64.85%，增幅达 11.58%，高于各国平均增速。北京、上海、江苏、浙江等东部 11 省市来华留学生共计 34.19 万人，占总数的 69.88%。留学生规模的迅猛增长带来对经管类专业学习的递增需求。浙江作为全国中小企业和电子商务等领域最发达的省份，其经管类专业教育吸引了来华学习和创业留学生的目光。

"市场营销学（双语）"是市场营销专业、工商管理专业学生一门重要的专业核心课程，旨在讲授企业进行营销的基本理论、基本知识和技巧。本课程具有环境适应性、理论系统性和应用灵活性等特点，把基础市场营销学原理与市场营销实务紧密结合起来，帮助学生建立起营销视野。同时，也是非工商管理专业的专业选修课，旨在通过学习全面掌握市场营销的基本理论和策略方法。

"市场营销学（双语）"结合慕课教学特点，以"SWOT 环境分析+目标市场战略+营销策略组合"为主线，结合国际品牌对课程内容进行调整与优化。预计授课人数将从市场营销专业（中外合作）学生，100 人/年，第一步扩展到金融专业（中外合作）学生，100 人/年；第二步扩展到工商管理专业留学生，以及非工商管理专业留学生，50 人/年。两年时间，扩展到共计 250 人/年（见表 5-2）。

表 5-2 "市场营销学（双语）"与相关课程对应关系

课程名称	开设时间	学分	授课对象	授课人数
市场营销学	2000 年前	2 学分	非工商管理专业	500 人/年
市场营销学	2000 年前	3 学分	工商管理专业	300 人/年
市场营销学（双语）	2013 年	3 学分	市场营销（中外合作项目）、留学生	100 人/年

二、课程建设的目标

1. 构建完善的教学文件体系

课程建设的总目标以文本教材、电子教材、多媒体课件和网络教育资料等多种形式展示教学内容，面向全校选修该门课程的学生开设，再逐步扩大到留学生群体。

2. 构建多媒体网络教学体系

课程介绍、教学大纲、预备知识、教学辅导、参考资料、考核方式、在线作业、在线题库和在线答疑等，实现现代化网络教育，建立课程全部教学内容的网上教学录像。

3. 构建立体的实践教学体系

一是加强多种模拟实训；二是促进多重参与；三是完善研究性教学；四是加强实践教学。由此形成立体式的实践教学体系。

4. 构建梯队的教学队伍体系

采取积极措施加强青年教师的培养，鼓励青年教师参加课程实践、课程调查、课程进修，努力探索课程教学方法，进行课程教学科研。力争在 3 年内，课程教学队伍的整体教学和科研水平上一个台阶。

三、课程的前期建设基础

如图 5-1 所示，课程组长期探索标准化教学以及教学改革，"市场营销学"
2007 年获得省级精品课程立项，建有"市场营销"网络课堂、精品课网站、营
销虚拟社区三个平台，建设了中文课程视频和网络讨论空间。2018 年，"市场营
销学（双语）"获得校级"翻转课堂"教学改革项目立项，建立了市场营销学
（双语）Blackboard 平台，将网络资源进一步扩大到英文课程视频、企业精英进
课堂、热评营销新闻、课程竞赛，但是仍然需要针对碎片化阅读、手机屏阅读的
大学生群体，进行现有资源的切割、重组、整理，提高课内课外、线上线下互动
率和利用率。网上已建设资源归类如下：

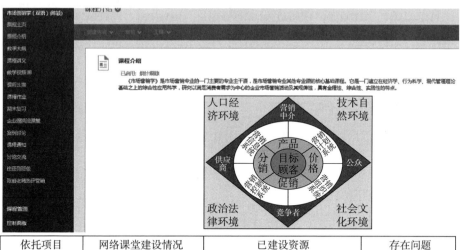

依托项目	网络课堂建设情况	已建设资源		存在问题
省级精品课"市场营销学"	"市场营销"网络课堂"市场营销"精品课网站营销虚拟社区	中文课程视频	网络讨论空间	视频＞30分钟实时互动弱利用率低
校级翻转课堂"市场营销学（双语）"	Blackboard平台智慧教室	中文课程视频英文课程视频企业精英进课堂热评营销新闻	网络讨论空间营销讲义营销案例课程竞赛	少量视频＞30分钟还需剪辑与制作实时互动仍较弱利用率有待提高

图 5-1　"市场营销学（双语）"的前期建设基础

（1）课程介绍（课程目标、课程内容）；

（2）教师队伍（基本信息、教学情况、科研情况、资质佐证材料）；

（3）课程资源（教学大纲、课程讲义、教学视频、期末复习）；

（4）思想争鸣（企业精英进课堂、陈颖老师热评营销）；

（5）学生天地（案例讨论、课程作业、课程比赛）。

如图 5-2 所示，"市场营销学（双语）"利用学校智慧教室 2017～2018 年和 2018～2019 学年 3 个学期的教学实践，积累了近百个教学视频、案例讨论视频。目前已经上线的视频包括 11 个核心章节的知识要点，以及部分学生案例视频，大量视频正在剪辑、整理、加工过程中，开放的学生 224 人次。

- 章节教学视频举例

| Chapter 7 Customer-Driven Marketing Strategy Creat… | Chapter 7 Customer-Driven Marketing Strategy Creat… | Chapter 7 Customer-Driven Marketing Strategy Creat… | Chapter 10 Pricing Understanding and Capturing… | Chapter 10 Pricing Understanding and Capturing… | Chapter 14 Communicating Customer Value Integrated Ma… | Chapter 15 Advertising and Public Relations |

- 学生自主讲解知识点视频举例

学生 Captive Product Pricing　　学生 Product Line Pricing　　学生 Skimming Pricing

- 学生案例分析视频举例

学生 火星人集成灶营销案例分析　　学生 香港维他奶国际集团有限公司营销方案策划　　学生 "言几又"企业营销案例分析　　学生 会稽山黄酒营销方案策划

图 5-2　"市场营销学（双语）"的教学视频分类和举例

四、课程建设理念：以教导学，以学定教

1. 重视首堂课，厘清课程体系树和知识结构树，让学生心中有"树"

在第一节课就牢牢抓住学生的兴趣点，帮助学生认识本课程在课程体系中承前启后的关系。通过第一节课的学习让学生认识到每一个章节之间的紧密联系，了解本课程的结构体系，在学生的认知中首先建立课程结构框图，而后续课程将完成该课程结构框图的"填空"工作，并且在授课过程中不时地将课程内容与框图对应，反复强化学生对"市场营销学（双语）"课程内容结构的印象（见图5-3）。

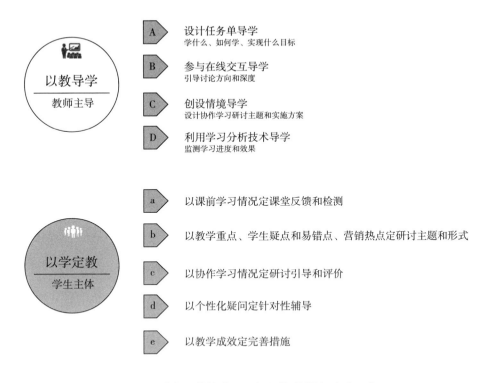

图5-3 "市场营销学（双语）"的课程建设理念

2. 教学内容上，加入小组创业项目或案例开发，让课程"动"起来

以"环境分析+目标市场战略+营销策略组合"为主线，将实践应用与营销知识层层关联，使得每个小组是某一企业的研究专家组。在教学技术上，充分应用网络课堂的课外学习空间和智慧教室的交互功能。具体教学内容安排如表5-3所示。

表5-3 基于创业导向的"市场营销学（双语）"教学内容安排

序号	教学主题	视频知识点	预计学习时间（线上/线下）	课外学习任务
1	Marketing Creating and Capturing Customer Value	营销的定义	（线上15分钟/线下135分钟）	讨论：小组组队
2	Company and Marketing Strategy: Partnering to Build Customer Relationships	以顾客价值为导向	（线上15分钟/线下135分钟）	讨论：确定研究对象及品牌
3	Analyzing the Marketing Environment	营销环境	（线上15分钟/线下135分钟）	讨论：分析品牌营销环境
4	Managing Marketing Information to Gain Customer Insights	竞争情报搜集	（线上60分钟/线下135分钟）	写作：SWOT分析报告
5	Consumer Markets and Consumer Buyer Behavior	消费者购买决策过程	（线上15分钟/线下135分钟）	讨论：消费者行为分析
6	Business Markets and Business Buyer Behavior	组织消费者特点	（线上40分钟/线下135分钟）	修改：SWOT分析报告
7	Customer-Driven Marketing Strategy: Creating Value for Targeted Customers	目标市场战略	（线上60分钟/线下135分钟）	写作：分析品牌目标战略
8	Products, Service, and Brands: Building Customer Value	产品三层次	（线上40分钟/线下135分钟）	写作：分析品牌价格策略
9	New-Product Development and Product Life-Cycle Strategies	新产品开发流程	（线上15分钟/线下135分钟）	讨论：新产品开发
10	Pricing: Understanding and Capturing Customer Value	影响价格的因素	（线上15分钟/线下135分钟）	讨论：价格策略
11	Pricing Strategies: Additional Consideration	价格策略	（线上40分钟/线下135分钟）	写作：分析价格策略
12	Marketing Channels: Delivering Customer Value	渠道策略	（线上15分钟/线下135分钟）	讨论：渠道策略

续表

序号	教学主题	视频知识点	预计学习时间（线上/线下）	课外学习任务
13	Retailing and Wholesaling	零售	（线上 40 分钟/线下 135 分钟）	写作：渠道策略
14	Communicating Customer Value：IMC Strategy	整合营销传播	（线上 40 分钟/线下 135 分钟）	写作：分析品牌促销策略
15	Advertising and Public Relations	危机公关	（线上 15 分钟/线下 135 分钟）	讨论：广告策略
16	Personal Selling and Sales Promotion	营业推广	（线上 15 分钟/线下 135 分钟）	讨论：人员销售策略

在教学设计与方法上，"市场营销学（双语）"采用模拟创业式和案例开发式教学方法并行。模拟创业式是指充分挖掘学生潜能，以开发学生创业基本素质，培养学生创业综合能力为目标的教育。案例开发式是指以案例开发为主线，学员通过对特定案例的研究与发现，应用知识与技能，培养学生开发分析、综合评估等高级智力技能。通过组建团队，创办模拟公司，小组成员之间合作精神增强；在作业展示、展板沟通等环节中，组与组之间的交流以及师生之间的交流增多，学生沟通和表达能力增强。

如表 5-4 所示，在考核方式上，重形成性评价，轻终结性评价。形成性评价包括在线学习进度、单元测试、讨论组表现等，终结性评价主要以期末测试为主。同时结合线上评价与线下评价，注重对学生学习过程的考核。

表 5-4　"市场营销学（双语）"课程评价体系

线上形成性评价	百分比（%）	线下形成性评价	百分比（%）	终结性评价	百分比（%）
在线学习进度	10	课堂回答	10	期末测试	40
单元测试	10	三次作业	10		
讨论组表现	10	案例陈述	10		

课程项目策划比赛是"市场营销学（双语）"课程组探索标准化教学、增进沟通了解的具体举措之一，也是学院推进教学改革的具体表现形式。比赛现场气氛热烈，每个策划团队都进行了充分的展示，中英文结合、图文并茂、各有千秋、美妙绝伦、异彩纷呈，以不同的特色风格和创新形式给在场的评委和观众留下了深刻的印象。比赛从策划内容、策划创意、营销策略、策划格式、策划答辩5个方面来评价。各位评委老师围绕营销策划项目的创意、营销策略、财务分析、可行性等进行点评和互动，也提出一些建设性的意见，给同学们带来了专业的营销策划指导。

如图5-4所示，以第一届为例，来自摄影、环境、平面、展示、书法产业、艺术经纪、市场营销（中外合作项目）7个专业的教学班级，每班选出2支队伍，共计12支队伍进行了精彩的答辩。因此，每年可以持续地积累20个优秀的营销策划项目。

图5-4 第一届"市场营销学（双语）"课程项目策划比赛

图片来源：浙江财经大学工商管理学院官网，https://cba.zufe.edu.cn/info/1197/7686.htm。

"市场营销学（双语）"通过围绕AACSB《商科学生能力评价体系》的教学目标，从教学目标、章节内容、教学方法、实训手段、评价体系等方面进行系统设计，最终构建课堂教学能力评价的新范式（见表5-5）。

表 5-5　"市场营销学（双语）"学生能力评价维度

能力类型	说明
团队协作	学生可以展示协作，领导力和专业行为
道德伦理	学生可以识别、分析和解决伦理问题或隐含的决策
自主学习	学生养成自学商业的态度和习惯
批判思维	学生可以用批判性思维来识别、研究和分析问题，并做出决策
分析技巧	学生可以从数据进行推断，使用有效的解决问题的技巧
逻辑思维	学生可以识别、解释和评估涉及商业和个人的法律、全球化、创业、环境方面的业务
沟通能力	学生可以有效进行口头和书面沟通，组织和共享信息
技术能力	学生能够理解和利用技术用于提高企业竞争力和个人的生产力

第三节　讲好中国故事："新媒体时代的公共关系"通识课程建设

一、教学内容

新媒体改变了时代发展进程，微博创造了人类在新世纪发展的新态势、新变迁，传统的思想、观念受到前所未有的新挑战！新媒体时代的公共关系与传统意义上的公共关系理论和实践的发展截然不同，从单纯的纸质媒体发展演变成以网络为支撑的新媒体[18]。于是，公关理论发展滞后于公关实践，公关角色缺位，公关人才瓶颈凸显，伦理道德受到挑战，政治、权力意志博弈，使公关迎来新挑战。新媒体时代的公共关系，在新媒体的背景下，根据多年的公共关系教学经验，重新架构该课程，体现与时俱进的教学特色。

1. 设计理念

本课程具有显著的通识教育特征，设计理念可概括为以下三点：

（1）新媒体的特点及对现代公共关系的影响。公共关系作为一种以传播为核心、重在沟通的模式和方法，新媒体作为一种传播与沟通的平台和载体，两者因为一个天然契合的根本属性——双向、互动的传播与沟通，在如今这个互联网信息时代必然"邂逅"。

（2）新媒体时代下现代公共关系的应对策略。公共关系的基本原则是真实真诚与互惠互利，基本方法是沟通为本；新媒体则是人类目前最先进、快速、直接、透明的沟通互动方式，公共关系的根本特征与新媒体的特点不但不相互排斥，反而非常契合，两者在这个信息时代必然地相遇、合作、发挥作用也是水到渠成。随着新媒体的不断发展与普及，无论是企业还是政府，现代社会的任何组织在公共关系工作与活动领域中都不得不接触、参与、运用以至再也离不开新媒体，新媒体也迫使组织必须重新思考公共关系的本质意义[19]，重视沟通互动的基本方法，回归真实真诚的基本原则。

（3）观察、体验和研究社会生活中的公关实践活动。以已经和正在发生的各种公关案例为蓝本，引导学生观察、体验和研究社会生活中的公关实践活动。公共关系课程本身是一门实践性、应用性很强的课程，因此，理论知识的讲解"必需但够用"即可，重点是如何将理论指导实践，学以致用。

2. 章节构成

如表 5-6 所示，课程章节共计十二章，实训内容四个部分。

表 5-6 "新媒体时代的公共关系"课程大纲

章节	教学内容	学时
第一章	新媒体的发展与传播	2
第二章	公关的起源与发展	2
第三章	新媒体时代的公共关系主体——社会组织	2
第四章	新媒体时代的公共关系客体——公众	2
第五章	新媒体时代的公共关系中介——传播	2

续表

章节	教学内容	学时
第六章	新媒体时代的公共关系危机管理	2
第七章	新媒体时代的公关关系调查	4
第八章	新媒体时代的公关关系策划	4
第九章	新媒体时代的公共关系实施与评估	4
第十章	新媒体时代的公共关系专题活动	4
第十一章	新媒体环境下的政府公关传播	2
第十二章	新媒体时代的企业舆情公关	2
合计		32

3. 教学目标

（1）了解不断发展的新媒体对社会发展、民众生活的影响。了解各种新媒体如网络论坛、博客、微博、微信等网站新媒体，以及即时通信媒体、移动媒体的传播特点，以及它们对舆论的影响。

（2）要求学生掌握公关基本理论、操作步骤。了解公关禁忌，感受公关魅力，深入认识新媒体的重要性和特征，意识到新媒体已日益成为现代公共关系发展的新平台，要以积极的态度去接纳新媒体，主动学习与新媒体相关的知识和技能并能够应用于公关策划方案实践中。

（3）需要了解掌握各种公关实务操作。诸如企业庆典、赞助、参观、新闻发布会等；能够利用所学知识举行公关演讲、模拟晚会、新闻策划等活动。

（4）让学生理解新媒体时代的公共关系开展思路。通过公关案例分析，分别从失败和成功案例两个方面加深学生的理解，能够撰写公关策划文案。

二、教学方法

1. 项目引领

项目式教学旨在改变学生在课堂上分析得头头是道、一碰到实际问题就束手无策的现状。课程模拟企业公关活动过程并分解为若干任务,引导学生从校园公关、旅游公关、地产公关、危机公关等不同项目,寻找兴趣点和典型案例,理论联系实际,进行课程案例分析。

2. 公关讲坛

持续推进基地精英进课堂、进教研室活动,邀请政府、企业、行业的领军人物和业务骨干深度参与到"新媒体时代的公共关系"课程的教学设计和教材开发当中,与企业共同开设的"公关讲坛"受到同学们的广泛欢迎。

3. 翻转教学

结合课程内容,引入了新加坡国立大学课程"数字媒体时代的公共关系"(Public Relations For Digital Media),更加多元优质的知名院校课程和外教资源,延伸、拓展了学生的学习空间。

4. 课赛结合

将浙江省大学生公共关系案例策划大赛、中国大学生策划创业大赛的选题与课程作业相结合,引导学生完善作品,组队参赛,并在课外利用教学团队师资和校公关协会学生社团,进行作品辅导,校赛选拔,校外选送,校外辅导。

三、教学方式及考试改革

1. 教学方式

根据公关案例开发,小组组队,让课程"动"起来。以公共关系四步工作法[20],即以公关调查、公关策划、公关实施、公关评价为主线,将实践应用与公关知识层层关联,使每个小组成为某一企业的研究专家组。"新媒体时代的公共关系"课程教学方式如图5-5所示。

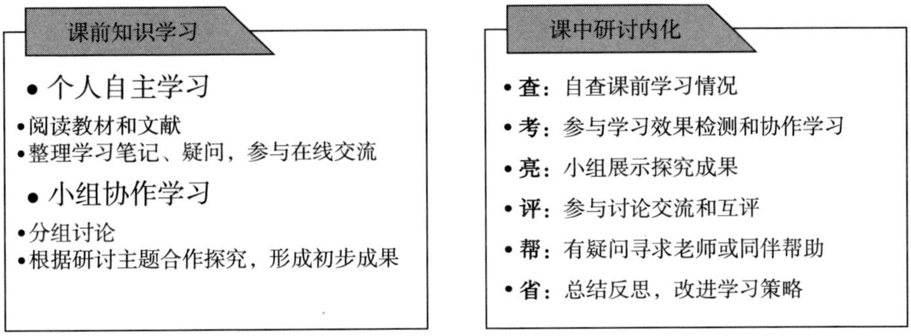

课前知识学习	课中研讨内化
• **个人自主学习** ·阅读教材和文献 ·整理学习笔记、疑问，参与在线交流 • **小组协作学习** ·分组讨论 ·根据研讨主题合作探究，形成初步成果	• **查：** 自查课前学习情况 • **考：** 参与学习效果检测和协作学习 • **亮：** 小组展示探究成果 • **评：** 参与讨论交流和互评 • **帮：** 有疑问寻求老师或同伴帮助 • **省：** 总结反思，改进学习策略

图 5-5 "新媒体时代的公共关系"课程教学方式

2. 考试改革

（1）形成性评价与终结性评价相关联。在考核方式上包括形成性评价和终结性评价，注重对学生学习过程的考核。形成性评价包括作业、单元测试、讨论组表现等，终结性评价主要以案例策划为主。同时结合线上评价与线下评价。

（2）奖励示范性作业。在课堂作业和期末案例开发环节，特别优异的小组或个人，甚至在比赛中取得了一定奖项的，予以"示范性作业"奖励，择优纳入课程案例集。

四、课程网站建设

资源丰富与交流畅通的课程网站平台是连通"教师—学生—课堂—实践"的桥梁和纽带，除了课件、习题集及案例库等基本内容的建设外，还将着力从网上视频教学、网上知识拓展、示范作业三个方面扩展课程网站系统。学校 Blackboard 平台上有课程网站地址。

1. 网上视频教学

课程团队先期自学国际三大慕课平台之一的 Coursera 平台已开设的新加坡国立大学课程"Public Relations For Digital Media"，将前沿的课程内容借助课堂教学空间，有选择地导入和深化，提升教学水平和质量。课程共计 28 个教学视频（见图 5-6）。

week one

欢迎！在本单元中，您将简要了解社交媒体的布局，社交媒体与商业环境的契合位置和方式，以及一些社交媒体趋势。然后，我们将研究传统媒体和社会媒体之间的关系，尤其要研究互动和参与在公共关系的作用。我们将通过观察社会媒体如何在特定的环境中应用来结束这一部分，即危机传播。

Welcome! In this module, you will get a brief overview of the social media landscape and where and how social media fits into business environment as well as some social media trends. We will then look at the relationship between traditional and social media, in particular, the roles that engagement, interactivity and participation play in public relations. We will end this segment by looking at how social media can be applied in a particular context – that of crisis communication.

week two

在第一个模块中，我们向您介绍了互动和参与的概念。现在，您将了解更多关于社交媒体如何让您利用这种交互性和参与倾向来进行参与和关系管理。我们将探讨的一些主题包括如何创建和吸引受众，如何建立关系和社区，以及如何利用实时营销。

In the first module, you were introduced to the concepts of interactivity and participation. Now you will learn more about how social media allows you to harness this interactivity and propensity for participation for engagement and relationship management. Some of the topics that we will explore include how to create and engage your audience, how to build relationships and communities and how to take advantage of real time marketing.

1.3 The Fifth P

图 5-6　新加坡国立大学课程 "Public Relations For Digital Media" 章节

2. 网上知识拓展

搜集反映新媒体时代下组织公关宣传视频材料，丰富课程网络视频教学资源。视频教学手段有着形象、直观、透彻的特点，其教学效果反响好，能够让学生更为直观地了解组织如何利用新媒体进行形象塑造、危机公关以及公关专题策划等各项活动的实施精髓。内容涉及中国大学生公关案例策划大赛的历年获奖作品和竞赛指南，共计全国金奖、银奖、铜奖作品 6 个。

3. 示范作业

学生网上提交电子版作业，老师网上点评，便于师生间交流、学生间交流，同时电子文案的存档也便于学生学习借鉴，更为全面地掌握各类问题的分析过程和解决要点，有利于提高学生学习的积极性。示范作业是将每学期完成较好的作品以视频的方式进行集中展示，共计学生示范作品 9 个。

五、课程成效和特色

1. 形成一支稳定的教学团队

团队教师知识结构和年龄结构合理。教学团队在公共关系、新媒体营销、整合营销传播等方面具有丰富的教学经验。熟悉实验教学、慕课教学、案例教学、任务教学等教学手段。担任本科生、研究生、MBA 多个层次的教学工作，具有丰富的课程建设和开发经验。部分教师具有公关咨询经验，与企业界保持了长期良好的合作关系。

课程负责人具有一定学术影响力和丰富的教学经验，为浙江省公共关系协会常务理事、杭州市公共关系协会秘书处成员，担任浙江财经大学公关协会指导老师 15 年，近 3 年教学业绩考核 A 等级，荣获首届校"互联网+"课堂教学大赛三等奖，2018 年院长杰出教学奖获得者。论文《大运河文化带学术研究热点与前沿探讨》荣获首届中国大运河文化品牌传播国际论坛优秀论文；论文《什么样的在线评论最有用——豆瓣文化类节目在线评论有用性影响因素研究》荣获上海交通大学"2017 年新媒体国际论坛"优秀论文奖。

课程组教师国际化培养特色明显。课程立项至今，课程组的 4 位教师先后获得国家留学基金委及浙江财经大学资助，前往澳大利亚、美国、加拿大等高校进行为期半年到一年的访学。访学期间，学习了"数媒营销""品牌管理""网络营销"等课程，吸收并带回了许多优秀的教学方法和丰富的教辅资料。

2. 教学核心资源齐备，教辅材料丰富

课程探索将国际一流的教学资源以"内容许可"的方式引入课堂，对教学模式进行适度"翻转"，同时，结构化的知识传播方式作为知识巩固、消化的保障继续保留，最终形成"翻转"与"传统"融合的课堂教学新范式，对实现具有专业知识、领导才能、创新思维、合作精神和国际视野的公关人才培养非常重要和必要。网络教学资源包括课程视频28个，示范作业9个，竞赛示范文本6个。

3. 教学效果受肯定，学生满意度、评价高

小班化教学，教学效果好，选课率高。学生来自学校各个年级、所有专业，真正实现通识教育受益面广的目的。学生通过课程学习和课程作业，延伸到课后竞赛，受益丰硕（见图5-7）。

图5-7 课程作业获得浙江省大学生公共关系策划大赛奖项

图片来源：浙江财经大学工商管理学院官网，https://cba.zufe.edu.cn/info/1167/7149.htm。

教学受到专家肯定。2018～2019 学年第二学期，课程被选为杭州绿城育华学校高中生体验大学课堂的通识课程（见图 5-8）。课程接受了 20 位绿城育华高二学生共同学习"新媒体时代的公共关系"，授课老师陈颖在结束后获得高中生专访。同学们对项目教学、翻转教学赞赏不已。

图 5-8 课程被选为绿城育华高中生体验大学课堂的通识课程

六、下一步教材建设规划

国内外从新媒体角度系统地阐释公关理论及实务操作的相关教材还比较稀缺，从查阅情况来看，多从单一角度来分析新媒体对公关产生的影响以及提出应对举措，如新媒体时代政府如何进行有效的舆情控制、新媒体与危机公关等，缺乏系统、全面的构建新媒体时代的公关理论知识体系的课程教材[21]。因此，通过本课程的建设，以公关理论为基础，从新媒体角度出发，结合理论研究和案例分析，编写一本理论新、案例新、与时俱进的公关教材，力争做成一本新形态教材。

第四节 传播多元文化："国际营销（双语）"课程建设

一、课堂教学改革的意义

全球化进程让知识形态更加多元，"知识已经在相当大的程度上摆脱了往昔的创造者、过滤者、看门人，以多元形态展现在所有人的面前；我们所持有的知识观——静态的、有组织的和专家定义的——正处于更加动态的、多元化观点并存的状态中"。

如今在线信息数量之巨、流通效率之高令人咋舌，互联网使学生能够轻而易举在课下获得课堂讲授的大部分知识和内容，照本宣科的教学方式越来越不受学生的喜欢。慕课恰逢其时地提供了一种组织松散、非结构化、快速高效而又赋予学习者主体地位的知识传播方式，因而迅速风靡全球。大规模参与、开放式教学、精品课程资源、基于大数据的分析与评估是慕课的四大特征。但慕课课程完成率低、学习体验少、成果缺乏认证等缺点也逐渐让教育人士开始了冷思考，甚至"反慕课"（"Anti-MOOC"）的呼声日渐响起。

慕课是教育全球化的必然，"冷眼旁观"与"拿来主义"都不可取，顺势而上推动课堂教学改革则是当务之急。混合慕课（hybrid MOOCs，hMOOCs），试图将慕课课堂与传统大学的教学优点结合起来。它既不是将学生放任地直接推给慕课平台，也不是竭力将学生的注意力从手机和电脑上拉回教室，而是经过教师的筛选，对开放课程内容发放许可证，使这些资源能够进入本校课堂作为教学内容的一部分，教学形式采用"混合教学"（hybrid/blended teaching）或"翻转课堂"（flipped class）。英国非政府组织（Universities UK）把这种形式命名为"内容许可"（content licensing）。

具体到本项目课堂教学改革的对象——"国际营销（双语）"，其是营销专业和企业管理专业学生一门重要的专业核心课程，旨在讲授企业进行国际市场营销的基本理论、基本知识和技巧。本课程具有环境适应性、理论系统性和应用灵活性等特点，把基础市场营销学原理与国际市场营销实务紧密结合起来，帮助学生建立起国际营销视野。

二、国内外混合慕课教学改革的情况

美国教育委员会副主席凯西·桑迪恩认为，混合慕课是慕课发展史上继 cMOOCs 和 xMOOCs 之后的第三个重要里程碑，可以称其为慕课 3.0。在前两种慕课形式中，学生的学习行为完全是一种非组织化的个人行为，其入口开放、面向大众，不被纳入制度性的学分和学位认证系统，存在课程完成率低、学习体验少、成果缺乏认证等缺点。于是，凯西·桑迪恩提出，混合慕课可能是实现慕课与传统教学相结合的最终路径。它将为现行的高等教育教学锦上添花，而不是带来大地震般的转变。

通过混合慕课尝试教学改革在国外正被逐渐推广。比如，已经有一些美国的公立大学宣布授予 Coursera 平台上的慕课内容以课堂教学的许可证；圣何塞州立大学已经与 edX 和 Udacity 一起实施这种混合模式的试验项目。在国内，上海交通大学推出慕课平台——"好大学在线"，首次打通了上海西南片 19 所高校的"慕课"学分互认，学生可以不出校门选修来自海峡两岸和香港知名高校的优质课程，甚至通过系列课程的修读，获取其他学校的辅修专业学位。

三、"国际营销（双语）"课堂教学模式主要存在的问题

1. 结构化的单线传输模式，学生坐在课堂里却缺乏主动性

教学模式主要是老师在课堂上讲课，布置作业，让学生课后练习、做作业。

知识的传播基本上沿用具有结构化的单向流动模型——教师教、学生学。这种模式不仅被证明学习效率低下，而且提不起学生的学习动力和兴趣。根据实践教学观察，课堂上只有六成左右的学生能够集中精力听讲，上课经常思考或回答老师提出的问题的同学不到四成，而在课堂上积极提问或参与讨论的学生比例甚至不足两成，这跟我们平时所观察到的缺乏活力的课堂氛围相一致。学生对课堂的淡漠导致了师生互动的缺乏，超过八成的学生在课外从未或仅仅是有时与老师讨论学习问题。应付点名、关心考核成为学生到堂的主要动力。

2. 案例教学缺乏系统性，没有真正地以学生为中心

在现有的课本资料中，每个章节的案例是独立的、不连贯的。虽然重要的知识点都有对应的案例讲解，但是未从系统的角度对整个课程的知识体系做出梳理，也没有用典型案例将其串联起来，因此在教学过程中给学生留下的知识结构是碎片化的。案例教学在手段上尽管采用协作式小组讨论的形式，但学生主动思考、主动设计、主动分析，成员之间共同学习进步的和谐竞争氛围尚未真正形成。

3. 双语教学的英语浸入程度有待提高

作为双语课程，在教材、教案、习题、考题方面都按照学校对双语课程的英语要求进行了规范，但是在实际授课交流过程中，尽管设置了英语交流的激励，学生主动开口讲英语的参与度仍然较低。

四、具体教学改革内容

本项目提出一种"翻转"与"传统"融合的"国际营销（双语）"课程教学模式改革新思路，以"混合慕课"特点和国际精英商学院协会（AACSB）架构的商科学生八项能力为准绳，探索一套以培养能力和提高素质为中心的课程教学新模式。

1. 打造基于 hMOOCs 的混合式 O2O 教育模式——学生学、教师导

混合慕课并不是取代所有特别是互动密切的课堂场景，而是促进课堂物理上的互动。线上学堂，学生自由地掌控课程进度，在知识的海洋中自在地遨游，并更加自觉地为自己的学习负责；线下课堂，师生间共同探究、思辨、互动与实践，甚至实现师生共同探索发现新知的境界。混合式 O2O 教育模式，既充分利用网络在线教学优势，又强化面对面课堂互动。教师不再是单一的知识传输者，而是变成了一个重要的引导者。

2. 围绕国际品牌的教学内容调整与优化

改革传统的以课本理论知识为中心的教学内容形式，将国际品牌贯穿整个知识体系，以"SWOT 环境分析+目标国际市场战略+国际营销策略组合"为主线，结合国际品牌对课程内容进行调整与优化。例如，每个小组在学期初就确定小组品牌，结合国际营销知识，小组讨论与分析的案例始终围绕此品牌，将教学内容及知识点深度融入特定的国际企业案例（见图5-9），同时，尽可能引入竞争品牌，使小组之间形成市场对抗。

图5-9　"国际营销（双语）"国际品牌小组案例示例

3. 课程评价注重学习过程和能力培养

改革传统的平时分+考试分的课程成绩评价方法，充分利用线上和线下教学的记录、报告、自评、互评等方式进行评估。引入国际精英商学院协会（AACSB）对商科学生八项能力的评价体系，更加注重对学生学习过程和能力培养的考核。

五、混合慕课体验教学效果的反馈

利用"国际营销（双语）"课程期末"学生评价教学"系统对 58 名授课学生进行数据采集[16]，题目设计遵照 Schmitt 提出的感官、情感、思考、行动四个方面进行设计[17]，结果如下：

1. 感官体验

感官体验是指融入消费者的五种感官体验（触觉、视觉、味觉、嗅觉和听觉）并影响消费者的感知、判断和行为的体验营销方式。如表 5-7 所示，调查数据显示，学生认为混合慕课"让我有视觉上的享受"的平均数最高，为 4.19，次之是"课程流程安排让我感到很恰当"，平均数为 3.90；从标准偏差来看，这两个指标内部评分的差异也相对较小，为 0.606 与 0.406。

表 5-7　对感官体验的描述性统计

题项	N	最小值	最大值	平均数	标准偏差
混合慕课的流程安排让我感到很恰当	58	3	5	3.90	0.406
混合慕课的视频内容让我印象十分深刻	58	2	5	3.36	0.810
混合慕课让我有视觉上的享受（视频、资料等的设计）	58	3	5	4.19	0.606
混合慕课让我有听觉上的享受（视频及老师的讲解）	58	2	5	3.12	0.839

2. 情感体验

情感体验是指通过刺激顾客内心情感，产生快乐的感觉，建立美好的体验。

如表 5-8 所示，调查数据显示，学生对混合慕课产生的情感评分从高到低依次是"让我十分舒服"（平均数为 4.09），"让我更愉悦地学习"（平均数为 3.98），"让我产生自豪感"（平均数为 3.52），"让我感觉很方便"（平均数为 3.21）。这说明通过体验教学，混合慕课的课堂氛围营造效果良好，但课程设计还应更加简洁方便。

表 5-8　对情感体验的描述性统计

题项	N	最小值	最大值	平均数	标准偏差
混合慕课让我十分舒服	58	2	5	4.09	0.708
混合慕课的形式，让我更愉悦地学习	58	2	5	3.98	0.805
混合慕课学习过程中，让我感觉很方便	58	2	5	3.21	0.853
混合慕课的学习让我产生自豪感，比别人体验更多学习模式	58	2	5	3.52	0.707

3. 思考体验

思考体验通过启发顾客的智力，让顾客获得认知和解决问题的思维体验。如表 5-9 所示，调查数据显示，混合慕课让学生"更能接受到最新的知识"（平均数为 4.12），"更能关联到以往的知识点"（平均数为 3.91）。而在启发式学习、创造性方面仍有不足，表现为"更有创意，感受到自己的与众不同"和"更能激发我对学习的求知欲"的平均数相对较低，依次为 3.60 和 3.57。

表 5-9　对思考体验的描述性统计

题项	N	最小值	最大值	平均数	标准偏差
通过混合慕课，让我更能接受到最新的知识	58	3	5	4.12	0.623
通过混合慕课，更能激发我对学习的求知欲	58	2	5	3.57	0.704
通过混合慕课，让我关联到以往的知识点	58	3	5	3.91	0.388
通过混合慕课，让我更有创意，感受到自己的与众不同	58	2	5	3.60	0.674

4. 行动体验

行动体验通过影响顾客的身体行为、生活方式和人际关系等，展示不同的生活方式来丰富顾客的生活。如表 5-10 所示，调查数据显示，混合慕课让学生在学习方面产生行动关联的意愿并不强烈，例如，"采取了某种行动（如主动搜索慕课平台，进行自主学习）"的平均数为 3.64，"促使我做出某种决定（如准备出国留学，体验国外教育）"的平均数为 3.72，"如果有其他课程开展混合慕课，我还会去参加"的平均数为 3.57；有意思的是，学生更愿意将通过慕课开展学习的学习方式"运用到生活中"（平均数最高，为 3.90）。

表 5-10　对行动体验的描述性统计

题项	最小值	最大值	平均数	标准偏差
混合慕课的学习方式，我想运用到生活中	3	5	3.90	0.406
通过混合慕课，我采取了某种行动（如主动搜索慕课平台，进行自主学习）	3	5	3.64	0.613
通过混合慕课，促使我做出某种决定（如准备出国留学，体验国外教育）	2	5	3.72	0.744
如果有其他课程开展混合慕课，我还会去参加	3	5	3.57	0.565

5. 混合慕课体验教学的满意度分析

如表 5-11 所示，受访者对混合慕课的整体评价为：免费学习到大量知识（29.1%）、体验国内外名牌大学教育（27.6%）、网上学习时间调控更自由（26.5%），与全球青年的交流学习相对较少（16.0%），这说明混合慕课的核心竞争力还是在学习本身，如何提高教育质量以及互联网技术带来的成本降低。

表 5-11　对混合慕课的整体评价的频数分析

混合慕课的整体评价	回应数	百分比（%）
体验国内外名牌大学教育	76	27.6
网上学习时间调控更自由	73	26.5

续表

混合慕课的整体评价	回应数	百分比（%）
与全球青年的交流学习相对较少	44	16.0
免费学习到大量知识	80	29.1
能提升我在他人心中的形象	2	0.7

与此同时，在感官体验中，听觉上的满意度远低于视觉上的满意度，原因有很多，主要是视频资源英文旁白对很多学生的语言能力是一项挑战；对视频内容的记忆不深刻也是一大缺陷，相对自由松散的视频学习的确无法像反复背诵强化的方法来得深刻。在情感体验中，混合慕课的开展相对于传统课堂设计步骤更多，对学生的要求也更多，因此造成了"不方便"的印象。在思考体验中，在激发学生创造性与求知欲方面满意度较低，原因在于"老师教学生学"的模式依然占了课程设计的主体，在调动、引导学生主动学习，互相交流辩论上还存在不足。在行动体验中，促成学生产生后续行动的动力不足，这说明体验者经过整个混合慕课的学习后，虽然认为其存在一定效果，但是并没有质变到可以做出自行学习、再次参加甚至出国留学的行为决定。

如表5-12所示，对混合慕课态度及开展混合慕课难点的交叉表分析，对于非常有兴趣、经常使用的受访者来看，建立学员讨论区使得慕课学习的持久性得到提升，比例达到53.8%；对于有兴趣，但使用频率一般的受访者来看，字幕翻译跟进程度对混合慕课体验效果有巨大影响，比例达到了100%，显示了双语课程字幕翻译问题对混合慕课效果带来的不良影响很大。

表5-12　对混合慕课态度及开展混合慕课难点的交叉分析

开展混合慕课难点	态度类型	没有兴趣、不想尝试	存在一点兴趣、想尝试	有兴趣，但使用频率一般	非常有兴趣、经常使用
课程视频的质量	计数	21	62	5	6
	对混合慕课的态度（%）	65.6	66.7	50.0	46.2

续表

开展混合慕课难点	态度类型	没有兴趣、不想尝试	存在一点兴趣、想尝试	有兴趣，但使用频率一般	非常有兴趣、经常使用
课程视频的数量	计数	4	20	0	5
	对混合慕课的态度（%）	12.5	21.5	0.0	38.5
建立学员讨论区	计数	11	42	5	7
	对混合慕课的态度（%）	34.4	45.2	50.0	53.8
字幕翻译跟进程度	计数	22	65	10	5
	对混合慕课的态度（%）	68.8	69.9	100.0	38.5
配套学习的测试	计数	14	51	2	4
	对混合慕课的态度（%）	43.8	54.8	20.0	30.8
师生互动区	计数	2	21	0	0
	对混合慕课的态度（%）	6.3	22.6	0.0	0.0
总计	计数	32	93	10	13

六、混合慕课体验教学的改进建议

1. 优化慕课内容，提高视听体验

在混合慕课的体验教学设计过程中，教学内容是根本，感官体验是基础，而视、听则是重中之重。因此，对外部视频资源进行内容把关是创造学生良好感官体验的第一步。视频资源的获取源主要有两个：一是来自网络，二是来自自身制作。相对来说直接使用互联网视频会更便捷，其可供选择的余地也非常大，不单单是国外三大慕课平台 Edx、Coursera 和 Udacity，国内网易公开课等的资源也十分丰富，但缺陷也不少，主要有：网络资源的获取难，比如 Coursera 平台上除非开课时间，否则不开放视频资源；内容不匹配、与教学内容相差较大；视频不清晰或者拍摄随意，仅仅是简单的课堂实录；字幕翻译未跟进或者英文语速过快。针对性的解决方法有：

（1）打造学习共同体。授课教师及团队加强平时积累，实施更新，多渠道、多类型搜集资源，针对课程资源的大数据属性——大体量、多类型，建议构建慕课云库，方便存储与取用。同时，鼓励学生主动找资源，变"要我学"为"我要学"，师生共同出力创建课程资源共享库。

（2）提供剪辑辅助。尽管外部慕课资源众多，但很多材料仍需要裁剪以达到教学效果最优，然而多数教师这类能力较弱，建议学校的电化教学、信息中心、实验室等部门能够提供协作服务。

2. 构造学习情境，线上线下融合

混合慕课的学习情境主要把握两个方面：一是利用慕课平台创建一个虚拟的学习环境；二是在真实课堂上创造团队合作的氛围。

所谓虚拟的学习环境就是指除了真实的课堂教学之外，学生还可以借助互联网来进行系统的学习，比较推荐的方式是高校选修课或部分必修课直接对接慕课平台，资源共享。例如，由上海交通大学开设的"好大学在线"慕课平台，学生可以在线选修来自海峡两岸和香港知名高校的优质课程，"好大学在线"对符合学分认定要求的学生，负责将其课程修读成绩发送至学生所在学校教务处，具体的认定工作由该校教务处负责实施。课前，教师可以引导学生通过阅读慕课的教案或者视频来进行预习；课后，学生可以通过完成课后测试来巩固学习；期末，学生可以通过参加慕课平台的期末考试来获取学分证书，这种灵活的方式不会让学生产生传统课堂枯燥之感，作为一个虚拟的教学系统，能很好地承担辅助作用。

在真实课堂上创造团队合作的氛围就是指学生在经过了网上初级学习之后，带着疑问参与课堂学习，教师提供一个宽松、自由的课堂规则，鼓励学生之间相互讨论、师生之间交流共同完成学习。除了在精神上提供相对宽松的条件，在现实基础上，也要准备好适宜这种教学的课堂布置，首先要将学生按照不同特性分组，成立一个个小团队；其次空间布置上最好采用圆桌会议型，便于讨论与发表意见，位置可以灵活变动，而不是传统的固定座位，一切的设置都要便于团队交流。

3. 创造良好印象，保持长久记忆

良好的体验能够留下长久而深刻的印象，良好而深刻的印象也是维系学生继续参与翻转课堂以及持续通过慕课学习的重要因素。维持印象的措施主要分为以下三点：

第一，良好而深刻的体验。混合慕课学习过程中良好的体验来源于其课程模式的设定。有别于一般传统课堂仅仅将平时表现与期末考试成绩按照一定比率换算成最终成绩，针对翻转课堂的成绩评判，其更注重的是学生综合素质的展现，翻转课堂模式下主要包含了团队合作、个人表现力、课业成绩、自我控制能力、知识掌握运用能力、创新能力等，因此成绩评定是全方位的素质考察。最终要转化为期末评定时，设定一个科学合理的评分机制尤为重要，既要公平公正地展现学生一个学期学习结果，也要让每个学生感受到提升自我的满足感，从而留下良好而深刻的印象，激发在慕课平台持续学习的动力以及参与下一次翻转课堂的热情。

第二，实物提醒体验经历。印象会随着时间推移而减弱，因此需要一个实物来承担提醒的功能。在企业承担该项功能的一般都是活动后的赠品，价值不高但含有独特的纪念意义。对于翻转课堂的"学习"特性，最好的实物就是"学分证明"。以 Coursera 为例，如果通过课程的期末考试，那么就可以申请纸质学分证明文件，价格为 39 美元，根据对学生的调查，能够接受收费学分证明的人数占抽取样本的一半以上，能够接受的价格集中在 0~60 元人民币，从数据来看，对于 39 美元的价格学生接受度还不是很高，因此，建议学校或学院针对一些格外优秀的学生给予适当的经费补助。

第三，记录保持体验过程。互联网平台的一大优势就是数据存储记录功能，学生通过慕课平台的学习过程，都会被记录下来。通过查阅过往，每一条发言、每一次作业、每一个讨论都会一一呈现，这是学习成长的过程，也是体验过程的直接记录。传统课堂的记录保持主要通过课本、作业等形式得以保留，然而现行条件下，实物很容易丢失或遗弃，而在互联网平台，只要有一个账号记录，所有的数据都能完整并且精准地记录。同时互联网技术带来的体验是连续性的，在传统课堂中，学生只能在一门课程上投入一个学期的精力，而通过互联网平台，学生可以根据自己的爱好参与各种课程，拓宽学习面，并且这种体验是连贯的、持续的。

第六章

基地共创：智能家电营销创新实践教育基地实施方案

第一节 智能家电营销创新实践教育"联盟共同体"的现有基础

一、"校—院—综合导师工作室"三级孵化机制完善

在智能制造国家战略背景下，家电行业的市场营销也发生了变革，呈现三大趋势：第一是个性化，用户需求的个性化引发了营销的个性化；第二是场景化，广告的出现要贴合场景，媒介越来越丰富多样；第三是实效化，也就是及时性，要及时满足顾客需求。

为此，浙江财经大学市场营销系从 2015 年起和宁波市家电行业协会建立合作关系，构建了"校—院—综合导师工作室"三级孵化机制，先后成立了院级"智能家电营销创新实践教育基地"（建设期 2015 年 1 月至 2017 年 12 月），智能家电营销创新综合导师工作室（建设期 2017 年至今），校级"智能家电营销创新实践基地"（建设期 2017 年 9 月至 2022 年 12 月），学校、行业协会、企业三方合作，共创、共建、共享大学生校外实践教育平台，既避免了单一企业合作引发的实训岗位周期性波动，又扩大了学生、企业、行业的受益范围。

二、初步形成智能家电营销创新实践教育"联盟共同体"

第一阶段：2015 年起建立院级实践基地，首批导入宁波 8 家家电企业。其中包括中国·慧聪家电城、韩电集团有限公司、宁波卡帝亚电器有限公司、宁波超凡电商文化产业园、宁波易马行空电子商务有限公司、宁波三 A 集团电器有限公司、慈溪市金泰日用品公司、慈溪市久益电器有限公司（见图 6-1）。学校、行业协会、企业三方都十分重视人才的共同培养和资源共享，合作方式从参观实习、人才培养、毕业生就业到产学研合作全面展开。

中国·慧聪家电城：	浙江家电，梦想小城
宁波超凡电商文化产业园：	融合教育的电商产业园
宁波易马行空有限公司：	"左手赚钱右手浪费"的运营企业
韩电集团有限公司：	为人类创造美好生活，为社会创造财富
宁波卡帝亚电器有限公司：	迅速发展的宁波小家电自创品牌
宁波三A集团电器有限公司：	会传情的咖啡机
慈溪市金泰日用品公司：	走在时尚尖端的电熨斗
慈溪市久益电器有限公司：	独特的离心风能风扇

图 6-1 智能家电营销创新实践教育"联盟共同体"首批导入企业

第二阶段：2017 年起升级为校级实践基地，第二批导入杭州 5 家家电及智能制造企业，以及 3 家浙江企业。包括数据类企业：杭州南讯软件科技有限公司、尼尔森网联媒介数据服务有限公司、浙江名天信息技术有限公司、杭州绿驰环保科技有限公司、浙江易网科技股份有限公司、众泰汽车股份有限公司、宁波水星环保科技有限公司、火星人厨具股份有限公司，通过深入企业开展实践调研，孵化学生队伍参加创新创业竞赛。

三、运行四年半时间，育人成果显著

1. 深入家电企业，调研智能家电行业动态

从 2015 年开始，组织和带领市场营销及中外合作项目的暑期社会实践队伍，深入家电企业近距离接触，实地感受企业运作流程、管理氛围和组织形式。

2. 确立调查研究项目，撰写实践报告和竞赛作品

在实地考察和学习中，学生与企业内部人员深入交流，搜集到大量相关资料，为撰写专题报告提供了大量翔实可靠的基础数据，大大增强了调查报告的可信度与实际可操作性，对学生分析能力的提高有极大的帮助。

3. 开设朋辈讲堂，开展生涯规划

通过典范与朋辈间的积极影响与带动，帮助学生更深入地了解自我，进一步强化他们对未来职业发展取向的认识和理解，目前已开设三期。

4. 实践教学反哺科学研究，提升教师的社会服务能力

立体式、多元化的实践教学体系，给予了教师自我成长的空间。基地除承担学生的校外实践教育教学任务外，还具备社会培训与服务功能，实现区域资源共享，为更多企业提供培训、经营策划服务和管理推广服务，建成功能齐全的"产学研合作中心"。

第二节 智能家电营销创新实践教育"联盟共同体"的目标与思路

一、总体目标

遵循高等教育规律，基地建设对接区域支柱产业，深度融入产业链，有效服

务区域经济社会发展。通过两年升级实践教育基地建设，建成"产业契合度高、校企合作紧密、社会服务能力强、管理体制机制完善、实训师资队伍水平高、教学资源丰富"的实训基地。在"联盟共同体"的基础上，参与合作的智能家电企业，两年内数量从目前的16家增加到25家；企业地域范围从杭州、宁波两地逐渐扩大到浙江省内覆盖；受训学生数量从每年50人扩大到100人；学生专业从营销专业渗透到供应链管理、工商管理、人力资源管理等专业。具体包括：把实践教育基地建设成为智能家电营销领域的人才培养基地；把实践教育基地建设成为智能家电营销领域的科研合作基地；把实践教育基地建设成为智能家电营销领域的社会知识库。

二、建设思路

新消费时代的营销创新是与客户共享，与客户共创。新教育时代的实践创新更应该与合作方共享，与合作方共创。如图6-2所示，基地的建设思路是：双方合作，三方联盟，内外循环，合作共赢。

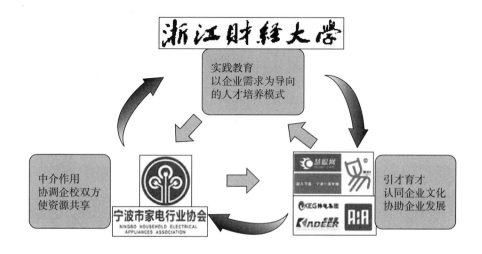

图6-2　智能家电营销创新实践教育"联盟共同体"的内外循环链

1. 实践教育环：从学校出发，协会协调，企业配合

从内循环视角，在实践教育开展过程中，学校不断探索开展基于项目、基于问题、讨论式、探究式、案例式、参与式等多法并举的教学方法改革；行业协会沟通学校和企业的供需比例，发动会员企业参与；企业提供一系列暑期社会实践活动、创新创业项目、企业营销案例开发、顶岗实习的机会，使实践教育能够落地。

2. 社会服务环：从企业出发，协会协调，学校配合

从外循环视角，在社会服务开展过程中，企业根据自身情况提出营销问诊清单；行业协会沟通企业和学校的供需比例，聚拢难题，找出行业发展痛点；学校充分利用科技、人才、文化、信息等资源优势，帮助企业开展定制化培训或智库咨询。

第三节 智能家电营销创新实践教育"联盟共同体"的主要举措

一、机制建设：学校、行业协会、企业三方共创、共建、共享

智能家电营销创新实践基地由浙江财经大学与宁波市家电行业协会联合建设，共同管理和使用。行业协会作为介于政府与企业之间的社会组织，通过自身运营集聚了一批行业内的核心企业形成联盟共同体。学校和行业协会共建实践基地，能够充分利用行业协会的中介作用，协调企校双方，使资源共享，效益最大化。

由此，企校双方要积极研究智能家电产业的发展动态，充分发挥双方的优势，解决校外实践教育基地在管理制度、操作流程、资源配置、监控与评估等方

面的难题，制定严格的管理规范，科学协调，建设成为共创、共建、共享的大学生校外公共实训平台。

二、师资队伍：完善智能家电营销综合导师工作室

1. 聘请企业专家担任校外实践导师

聘请宁波市家电行业协会秘书长及理事单位的营销经理长期担任实践基地的校外实践导师和校内营销专业指导委员会顾问，为浙江财经大学营销专业人才培养方案的制定、实践教学的开展提供指导建议，为师生开设营销类专业讲座，合作指导本科生实践教学和毕业论文。

2. 聘请市营校友担任朋辈课堂讲师

在1999~2018届营销专业的毕业生中，有60余位校友从事家电行业工作，比如1999届的鲍盛就职于宁波方太厨具有限公司，2001届的蒋美祥就职于宁波新乐电器有限公司，2008届的张培珍就职于宁波欧琳厨具有限公司，可以从中建立就业典范与朋辈引导的实践讲师团，对学生起到引路的作用。

3. 利用项目开发提升校内师资水平

滚动利用学习、交流、培训、项目开发等形式，提升师资队伍的整体水平，培养3名以上具有较高学术造诣和较强专业实践能力的高级讲师，提升整体队伍业务能力与职业素养。

三、实践形式与内容：四大模块，全员育人

1. 模块化组建教学体系

经过反复调研，与企业专家、市营校友共同制定智能家电营销人才培养方案，建立实践模块，丰富实训形式，开发实训教材。智能家电营销创新实践教育基地教学体系结构如表6-1所示。

表6-1 智能家电营销创新实践教育基地教学体系结构

序号	模块	育人特点	师资结构	形式	目的	时间
1	生涯规划	侧重榜样示范与典型引路	市营校友学校教师	生涯讲座朋辈课堂	深入认知自我强化生涯设计	大一学年
2	综合竞赛	侧重专业实践与科研实训	市营校友学校教师	精英访谈学科竞赛	锻炼实践能力提升专业感悟	大二学年
3	实习见习	侧重实战演练与成长反思	企业导师学校教师	企业调研实习见习	直观认知社会在实践中反思	大三学年
4	就业创业	侧重就业分流与价值引导	企业导师学校教师	岗前培训求职招聘	增强岗前技能实现身份转换	大四学年

2. 全员化夯实育人体系

"学校教师—市营校友—企业导师"通力合作，使学生逐步完成从营销学生到营销从业者或职业经理人的逐步转变。

四、实践教学资源：有形知识，无形服务

1. 实践知识数据库

吸纳类型多样的知识、课程、讲座、论坛，包括纸媒介质和网络数据，形成智能家电行业知识库。

2. 企业交流直通车

依托项目负责人指导打造的以"走进企业、简历大赛、网络招聘会"三个项目相辅相成的企业交流直通车（浙江财经大学公共关系协会长期运营），聚焦智能家电企业，为营销学生的实习就业提供长期服务。

五、建设进度

本建设项目分三个阶段，在两年时间内完成。

1. 第一阶段编制建设方案

以宁波市家电行业协会理事单位为第一方阵，加强与杭州市家电行业协会接洽以及杭州经济开发区内入驻家电企业的联系，比如松下电器、九阳电器等，前者已和浙江财经大学签署了 MBA 实践教育基地协议，后者有 2017 届营销毕业生钱宇超就职，继续扩大基地辐射范围至 20 家企业加入"联盟共同体"。同时，加大校企合作的力度，建立适应实践教学和人才培养模式的体制机制。重点开展朋辈课堂、精英访谈、企业调研等项目。

2. 第二阶段巩固基地建设的成果

利用营销校友所在企业为纽带，加强与省内家电企业的深度合作，扩展到25 家家电企业加入"联盟共同体"。同时，优化实践教学体系，丰富实践教学资源，建设实践教学资源（教材、案例库、网络平台等）。加强师资队伍建设，广泛调研，优化基地运行的体制机制。重点开展学科竞赛、实习见习等项目。

3. 第三阶段总结并推广基地建设的成果

分地区、分特点梳理"联盟共同体"内家电企业的类型和结构，优化并适时删减、增加"联盟共同体"的内部组成。同时，完善、推广各种基地运行的管理体制机制，扩大专业实习实训与师资培训效益。

六、预期成果

1. 基地建设充分满足专业实习实训需求

能同时容纳每年 50 名学生开展参观交流、暑期社会实践活动、创新创业项目、企业营销案例开发、顶岗实习等逐层提高的实践教学环境，实现功能系列化、管理企业化、设备先进化、环境真实化、人员职业化。

2. 形成一整套实践教育资源

既包括有形知识，如实践教材、实践大纲、实践教学案例库，又包括无形服务，如生涯讲座、朋辈讲堂、精英访谈、简历大赛、企业调研、网络招聘会等，所有资源聚焦智能家电行业特色和营销专业特色。

3. 提升智能家电营销综合导师队伍

通过外聘、内升，再加上校友资源，形成一支兼具专业知识、行业经验、母校情怀的智能家电营销创新导师团，为浙江财经大学营销专业人才培养方案的制定、实践教学的开展提供指导建议。

4. 以基地建设带动市场营销专业建设和特色凝练

市场营销专业将更紧密地结合地方行业企业发展对技能型、复合型人才的需求，提高人才培养质量。

5. 社会服务面显著扩大

基地与行业协会、企业形成深度合作关系，取得显著社会效益和经济效益。

第四节 智能家电营销创新实践教育"联盟共同体"的保障条件

一、合作单位基本情况

宁波市家电行业协会（以下简称宁波家电协会）成立于 2009 年 6 月，是由宁波家用电器企业以及家电相关联的企业、事业、科研院校、个人，自愿参加的地方性、行业性的非营利性社会民间团体组织。目前协会理事长是奥克斯集团董事长郑坚江，轮值主席是韩电集团董事长沈东平，副理事长单位有宁波方太集团、公牛集团有限公司、韩电集团等宁波家电制造企业的区域品牌骨干企业。协会获评"2021 年宁波市中小企业公共服务示范平台"。

二、组织机构

如图6-3所示，基地下设1个创建工作指导委员会和4个工作小组，创业工作指导委员会主要负责协调、指导、监督实践基地创建工作。基地管理工作小组主要负责基地的日常管理，负责基地的计划安排、落实实践教学计划和实训基地建设计划，负责外校共享合作机制的建立与运营；实践教学工作小组负责协调各专业学生的实习与导师的筛选、培训和考核；校企产学研合作工作小组负责与企业的产学研合作；职业素质培训工作小组负责开展企业文化、职业技能拓展、心理素质、职业道德等培训。

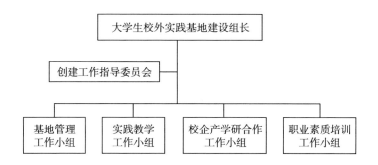

图6-3　智能家电营销创新实践教育"联盟共同体"的组织机构

三、管理办法

1. 清晰的组织管理体系框架

由浙江财经大学、宁波市家电行业协会共同组建成立基地建设领导小组，统筹规划基地建设，协调解决双方合作过程中遇到的困难与问题，负责基地项目日常运行的各类管理规定和实施办法，以及基地建设、师资培训、学生教育、交流联谊、讲座培训、项目合作等各项具体事务的实施工作。

2. 明确的合作双方职责任务划分

学校的职责和任务：①学校负责实践基地日常管理和活动组织；②根据专业特点和实际需要，学校选派责任心强、有实践经验的指导老师，与基地内企业一起承担学生实习期间的教育与管理工作；③加强与基地内企业的合作，优先提供培训、进修、参加学术活动等方面的便利，并以本科生教育为依托为基地内企业培养高层次人才，推荐优秀毕业生到企业工作；④组织专业教师编写实习大纲和实习指导书，明确实习要求，根据实习大纲要求，组织教师在学生实习前和实习过程中进行实习指导；⑤组织对实习工作的检查、总结和信息交流，组织实习生的成绩考核与评定工作，做好实习资料的归档、整理和管理工作。

行业协会的职责和任务：①协调会员企业，承担学院营销专业和其他相关专业的部分实践教学任务，为培养具有良好职业道德的应用型人才创造良好的学习条件和实践环境；②协调企业选派素质高、责任心强、经验丰富的专业人员指导实践教育，为学生提供及时的指导；③根据专业培养目标，结合行业特点和企业要求，参与学院实践教学大纲、实践计划和指导书的编写工作；④加强对实习学生的组织纪律、道德诚信、安全等方面的继续教育，教育学生在实习期间遵守有关法规和实习基地的管理制度。

3. 协调有效的沟通交流机制

校级基地建立以后，加强、维护和发展合作双方的关系是基地平稳运行的关键。因此，在实践教育方面，双方每学期要召开一次智能家电营销创新实践教育基地建设指导委员会会议，研讨人才培养问题，争取获得让双方满意的实训培养方案；在社会服务方面，学院根据"联盟共同体"内企业的需求，设立有关培训和改革项目，为企业员工"充电"和提升理论水平创造条件，充分利用企业的技术资源联合开展科研，共享教学和科研成果等。

4. 规范完善的管理评价制度

通过企业、教师和学生三方互评的 360 度考核，监控实习环节的质量；在校外向历届校友、各类用人单位和组织等开展调查，收集毕业生就业去向、专业能力、创新能力、学习能力等信息，以及对实践教学环节的意见和建议，搭建全过程质量监控体系。

5. 灵活多样的管理激励机制

在实践教学管理制度的有效实施上，强调教师和学生、校内教师和企业教师的互动，保证教学改革的顺利实施。在各个实习环节，校内教师与企业教师要一起指导学生项目工作的开展，并通过建立弹性的工作考勤制度，保证较为充裕的项目指导时间。同时，注意研究与运用有效的物质激励和精神激励等多种机制，调动教师的积极性和自觉性。

四、师资队伍建设

1. 现有师资情况

在工商管理学院的支持下，于 2017 年 6 月成立了智能家电营销导师工作室，目前固定导师 6 人，包括 1 名教授和 2 名副教授。人才培养成果以 "1+2+3+4" 为主线：创建 1 个校级 "智能家电营销创新实践基地"；深入 2 个智能制造生产基地调研；孵化 3 支学生队伍赢得创新创业竞赛奖励；参加 4 场高峰论坛和行业展会。

2. 师资提升计划

（1）聘请企业专家担任校外实践导师。聘请宁波市家电行业协会秘书长及理事单位的营销经理，共计 5 人，长期担任实践基地的校外实践导师和校内营销专业指导委员会顾问，为学校营销专业人才培养方案的制定、实践教学的开展提供指导建议，为学校师生开设营销类专业讲座，合作指导本科生实践教学和毕业论文。

（2）聘请市营校友担任朋辈课堂讲师。在 1999~2018 届营销专业的毕业生中，有 60 余位校友从事家电行业工作。根据岗位类型及校友意愿，筛选出就业典范，共计 10 人，通过生涯规划、朋辈讲堂、精英访谈等活动，起到典型引路的作用。

（3）利用项目开发提升校内师资水平。滚动利用学习、交流、培训、项目开发等形式，提升师资队伍的整体水平，培养 3 名以上具有较高学术造诣和较强专业实践能力的高级讲师，提升整体队伍业务能力与职业素养。

五、实践条件

基地自 2015 年成立以来，在工商管理学院市场营销系和宁波市家电行业协会的共同努力下，两批次导入 16 家企业作为"联盟共同体"开展实践教育，每年由 2 家企业选派中高层管理人员开设"企业精英进课堂"，每场规模 50 名学生。每年市场营销系组织 2~4 支队伍深入开展企业调研，研究报告屡获嘉奖。基地内部分企业实践条件如表 6-2 所示。

表 6-2　智能家电营销创新实践教育基地企业实践条件

企业	成立年份	行业地位	面积	场所
中国·慧聪家电城	2013	浙江首个 O2O 产业中心，亚洲最大家电交易会永久会址	首期占地近百亩，总建筑面积近 20 万平方米	中国家电国际采购中心、中国家电总部基地、中国家电电子商务总部基地、中国家电与塑料博物馆、聪聪 100 创业咖啡馆以及金融服务平台、信息平台、物流基地、慧聪大学、慧聪家电电子商务 4S 服务中心
韩电集团	1983	专业制冷家电企业	占地 300 余亩，建筑面积 40 万平方米	宁波韩电器有限公司、宁波凯峰电器有限公司、韩电集团宁波洗衣机有限公司、宁波韩电线缆有限公司、宁波博莱特光电科技股份有限公司 5 家实体企业
宁波卡帝亚电器有限公司	2001	宁波两季小家电产品最大专业生产基地之一	工厂占地 150 余亩，员工近 700 人	公司产品进入欧尚、家乐福、沃尔玛、大润发、华润万家等大型连锁超市，线上入驻京东商城、天猫、苏宁易购、国美在线等电商平台

六、经费保障

基地建设资金来源渠道主要是省教育厅和学校投入，本项目共需投入建设经费约 20 万元。学校制定了《项目建设专项资金管理办法》，项目建设经费实行专户、专账、专款使用，做到统一管理，专款专用，层层落实，跟踪过程，监测绩效。

七、对外校共享开放制度

建设期三年内，基地以"联盟共同体"内的成员使用为主，包括浙江财经大学、宁波市家电行业协会以及签约合作企业。待基地运营模式成熟后，可引入其他高校开展共创、共建、共享。

第七章

能力共创：学习产出教育理念下的市场营销专业范式改革

第一节　学习产出教育理念的内涵与意义

一、学习产出教育理念的内涵

根据《国家中长期教育改革和发展规划纲要（2010-2020 年）》，国内高校将人格养成、知识传授、能力培养相融合，进一步明确人才培养目标，细化毕业要求，确定课程体系设置，根据不同课程教学内容、知识和能力要求，确定课程教学方法，建立评价和持续改进机制。这是一种基于学习产出为核心的教育模式（Outcomes-based Education，OBE）。教育者首先清楚地构想学生的终极能力水平，其次选用合适的教育手段和方法来确保学生实现目标。它颠覆了教师经验、教学内容、资源投入为主要驱动力的教育结构模式，转向以产出反推教学过程的理念革新。美国学者 Spady 认为，学生真正掌握成功所需的知识和技能，远比如何学习以及何时学习显得重要。由此，他把 OBE 教育模式界定为"对教育系统进行清晰的组织和评价，保障学生获得成功所需的知识、经验、能力、素养"。[22] 西澳大利亚教育部门提出，如果教学方式和课程内容无法为培养学生特定能力做出贡献，那么这些方式和内容就面临重建或重构，因此，OBE 教育模式是一种基于实现学生特定学习产出的教育过程。Acharya（2003）进一步将"定义（Defining）、实现（Realizing）、评估（Assessing）和使用（Using）"设计为OBE教育模式的四步骤[23]。

二、学习产出教育理念的意义

明确专业培养目标，细化毕业要求，确定课程体系设置，根据不同课程教学内容、知识和能力要求，确定课程教学方法，建立评价和持续改进机制，OBE教育模式始终贯彻目标及能力导向的原则，因此，实施OBE教育理念的意义主要有以下三个方面：

第一，实现"以学生能力导向"的教育范式转变。教学目标预先设计，教学内容、实践开发、学生辅导等活动紧密围绕学生预期学习产出而展开，这与传统教学范式下，教学内容占据核心位置，先于教学目标而设定的范式，有了本质的改变。因此，在新教学范式中，充分利用"课程目标—学生能力"矩阵、"课程知识—学生能力"矩阵、"教学方法—学生能力"矩阵，使学生真正成为教学活动的中心。

第二，实现"回溯式设计"的教学过程转变。OBE教育理念遵循"回溯式设计"原则，实现培养计划、课程目标、章节内容的匹配矩阵，依据学生能力产出，反推教学过程的目标达成度，建立富有弹性、有据可依的教学手段集合。教育者通过及时考核学生阶段性教学目标的达成度，来及时匹配和调整教师、辅导及资源配置等工作。

第三，实现"面向企业需求"的人才培养方式转变。为了更加准确地设定学生能力，以及由此衍生出一系列对应的教学过程，人才培养方式已经从单纯教师与学生的两大参与主体转变为教师、学生、校友、企业、产业等相关利益者全面参与的成长共同体，使得教学结果更加贴近市场实际，学生应用型能力全面提高。

三、学习产出教育理念的国际化应用

1. 国外高校教育模式

越来越多的国家和地区接受 OBE 教育理念来重构教与学。美国高校构建并运用了基于成果导向的评估模型，从学生的学习成果出发，反推学校课程以及相关制度的建立，并且对学习成果进行过程式追踪，从而有效改进教学，保证教学质量。该模型基于可测量的学习成果设计教学项目，并辅以调查毕业生的就业表现，从内部教育管理者的设计考核和外部人才市场的使用检验两个方面不断提升学生的技能[24]。2008 年，美国成立"国家学习产出评估机构"（National Institute for Learning Outcomes Assessment，NILOA）。

加拿大高校将"学习产出"和"最终成果"以重要组成部分设置在高等教育的质量评价框架中，由此它将高等教育质量评价内容、评价标准、评价方法的焦点都引向了价值增值的视角。以安大略省为例，2012 年 12 月，该省高等教育质量委员会成立了学习成果评价联盟，针对六所试点高校，如多伦多大学、女王大学等[25]，针对学习成果评价进展情况进行了阶段性总结。2014 年，加拿大总理给新任该省培训、学院和大学（OMTCU）部长的委任书中指出，学习成果评价应成为该部门的首要任务。

英国高等教育保证委员会（The Quality Assurance Agency for Higher Education）构建了由高等教育资格框架（Framework for Higher Education Qualification）、学科基准（Subject Benchmark Statements）、课程规格（Program Specifications）、实施规则（The Code of Practice）四个部分构成的学术基本规范，自上而下地将"学位—学科—课程—教学"进行了统筹规范。以邓迪大学为例，该校以高质量的医学教育闻名于世，构建从内到外的"任务环—态度环—职业特征环"三环结构[26]，要求合适的人用正确的态度和方法去做正确的事。以任务环为例，从临床诊断、实际操作、检查病人、管理病人、疾病预防、沟通交流获取和处理信息等方面综合考核"医生是否有能力完成任务"，并由此构建了由 12 项最终学习成果构成的培养目标。

2. 国内高校应用实例

国内的工程教育都在积极地采用"基于产出模式"，推进工程教育的《华盛顿协议》认证标准范式的变迁。汕头大学应用开放式、弹性化、可持续的 OBE 工程教育模式[27]，包括"什么是基于产出的教学评价""国际实质等效的含义""中国工程教育专业认证标准体现基于产出的原则""如何证明毕业要求项的达成""接受认证专业的准备工作"等，成为了国内工程教育的典范。

南京大学"三三制"本科人才培养改革采用以"学生中心""结果导向教育""持续质量改进"等理念，将通识教育、专业教育、职业教育做到实处。同时，将全校专业不分别对标国际一流大学，引入讨论式、启发式、探究式学习方法和注重学生综合运用知识能力的实用性、灵活性的考核方式，最终使学生培养质量满足要求。

在人才培养上，香港高等教育推行"成效为本"的教学方法，贯彻前提（Presage）、过程（Process）、产物（Product）的"3P"模型。香港高校的育人目标主要关注培养学生的专业知识、积极情感和人文素养三个方面的内容，高校教育者通过分层引导，将设计规划的育人总目标和学生应具备的具体能力贯穿于专业目标、课程目标和课堂目标；而学科的逻辑、学生的发展及社会行业的要求也深刻融入课堂、课程、专业各层级中。教师通过层层引导，将育人目标直接落实到专业、课程及课堂中，通过层层推进，达到社会、学校规定的成效，最终达成育人目标。比如，香港理工大学设计了 OBE 教学四元模式，包括确立预期成果、设计对应课程、评价学习成果、改善课程环节，以此推动学生学习成果质量的提升。

近些年，中国的商学院纷纷参与全球认证，作为学术质量和专业执行方面的权威评估，包括国际精英商学院协会（The Association to Advance Collegiate

Schools of Business）推出的 AACSB 认证体系、欧洲管理发展基金会（European Foundation for Management Development）推出的 EQUIS 认证体系、MBA 协会推出的硕士以上管理课程的 AMBA 认证体系。三大认证体系的共同点之一就是对商学院的资源、教授、课程以及学生学习能力设定了清晰的要求，并通过指标论证商学院在国际化的投入和产出，其实质也是一种基于学习产出的教育模式评价。

第二节 学习产出教育理念下的人才培养方案应用

基于学习产出教育理念的市场营销人才培养方案应用，是在明确专业培养目标，细化毕业要求，确定课程体系设置，根据不同课程教学内容、知识和能力要求，确定课程教学方法，建立评价和持续改进机制的一整套改革。依据"以学生能力导向""回溯式设计""面向企业需求"的原则，对数字营销专业的培养目标、毕业要求、课程课堂教学、专业教学质量的每一个环节设计关系矩阵。尤其在教学范式改革上，对课程目标、课程知识、教学方法、质量体系四个方面应用 OBE 理念进行创新性设计。

一、市场营销人才培养方案的培养目标改革

市场营销专业根据"宽口径、厚基础、强应用、个性化"的基本原则，培养践行社会主义核心价值观，具有较强的社会责任感、公共意识和创新精神，适应国家经济建设需要，具备人文精神与科学素养，系统学习掌握现代市场营销的基本理论、方法，适应以 A（AI 人工智能）、B（Big Data 大数据）、C（Cloud 云计算）为主要特征的数字营销变化，了解本专业及数字营销领域最新动态和发展趋势，具有现代管理、市场经济、财务运作、商务统计等多学科的基本理论素

养、专业知识和能力，并具备开阔的国际视野、本土的人文情怀、灵活的营销思维、协作的团队能力、高效的沟通技能、创新创业精神，面向"互联网+"和国际化浪潮，对接浙江经济社会发展"数字经济、智能制造、互联网金融"等高端产业需求，培养具有国际视野和财经特色的数字型营销人才。本专业毕业生预期达到以下目标：

目标1——职业素养：具备职业道德、职业忠诚、人文素养、社会责任和工匠精神。

目标2——专业知识：通晓现代管理理论，掌握扎实的数字营销学科基础知识，能够运用批判性思维来处理问题并提高工作绩效。

目标3——实践应用：具备分析问题、解决问题的数字营销科学方法和数据处理能力，具备较强的数字营销策划、商务沟通和市场推广能力。

目标4——创新精神：明晰经典数字营销理论和前沿数字营销思想，具备开阔的知识广度和自主学习深度，培养创造思维和创新创业能力。

目标5——国际视野：具备国际化视野和跨文化交流能力，掌握参与国际市场数字营销活动的技能。

二、市场营销人才培养方案的毕业要求改革

1. 改革思路

基于学习产出教育理念，清晰定义人才培养目标和能力模型，构建能力导向的课程和教学方法体系，促进产教合作，通过打通课内与课外、校内与校外，构建"理论学习、模拟演练、管理实训、创业实操"的应用型人才培养体系。主要体现在：

第一，清晰定义人才能力模型。为使学生适应文化社会的需求，确定学生应达到以下八项能力：①道德伦理；②逻辑思维；③批判思维；④信息技能；⑤综合分析；⑥团队协作；⑦沟通表达；⑧自主学习。

第二，以能力培养为导向，加大课程体系和教学改革力度。每一课程均明确自身的能力培养目标和教学方法，通过课程体系支撑课程教学与能力培养的紧密程度。通过互联网+教学、翻转课堂等改革，强化课内与课外的融合。加强实践课程建设，通过实验、实训、模拟、案例教学、调查实习等，强化课程学习、模拟演练、创业实作之间的融合。

第三，以能力培养为导向，强化产教融合机制。通过实践实习基地、企业调研、企业精英进课堂、专业建设指导委员会等多种形式，加强产教融合，吸引社会力量办学，构建协同育人机制，强化理论学习与管理实践之间的融合。

第四，加强创新创业教育，突出创业意识和创新精神教育。开设了"创业管理""大学生就业创业指导"等课程，培养学生创业意识，激发创新与创业潜能。"市场营销""战略管理"等专业课程强化创新创业培养特色，强化专业教育与创业教育的融合。

2. 毕业要求设定

市场营销专业全面引入美国国际精英商学院协会（AACSB）认证的教育体系，对包括"数字营销"在内的18门课程的学生，就团队协作、道德伦理、自主学习、批判思维、分析技巧、逻辑思维、沟通能力、技术能力八项能力，做出评价。AACSB认证是从学生能力反推教育过程，与OBE模式从学习产出反推教育过程高度吻合。

为实现专业培养目标，经过系统的课程教学、课外实践、情境模拟、自主学习，本专业的毕业生应达到以下要求：

毕业要求1——道德伦理：具有人文底蕴、科学精神、职业素养和社会责任感，具有良好的职业道德和岗位忠诚度。

毕业要求2——逻辑思维：可以识别、判断、评估营销问题，灵活运用归纳和演绎、分析和综合以及从具体到抽象的思维方法。

毕业要求3——批判思维：能够发现、辨析、质疑、评价营销领域的现象和问题，表达个人见解。

毕业要求 4——信息技能：掌握信息技术、商务智能和大数据在营销领域的定性、定量分析方法。

毕业要求 5——综合分析：具备扎实的市场营销基础知识和专业知识，对营销领域的复杂问题进行分析并提出整体解决方案。

毕业要求 6——团队协作：有效管理团队、凝结团队，与团队成员和谐相处、协作共事。

毕业要求 7——沟通表达：具备商务礼仪、人际沟通、跨文化交流技能，达到有效沟通。

毕业要求 8——自主学习：养成课内课外、线上线下自主学习和终身学习的态度与习惯。

因此，市场营销专业培养目标与毕业要求的对应关系矩阵如表 7-1 所示，毕业要求与课程设置的关系矩阵如表 7-2 所示。

表 7-1 市场营销专业培养目标与毕业要求的对应关系矩阵

毕业要求	培养目标				
	职业素养	专业知识	实践应用	创新精神	国际视野
1. 道德伦理	●				●
2. 逻辑思维		●	●		
3. 批判思维		●		●	
4. 信息技能		●	●	●	
5. 综合分析		●	●		
6. 团队协作	●		●		
7. 沟通表达	●				●
8. 自主学习	●			●	●

表 7-2　市场营销专业毕业要求与课程设置的关系矩阵

平台	课程名称		毕业要求							
			道德伦理	逻辑思维	批判思维	信息技能	综合分析	团队协作	沟通表达	自主学习
通识教学平台	通识基础必修、选修		●	●	●					●
	通识分层	英语							●	●
		数学		●			●			
		计算机		●		●				
学科教学平台必修	微观经济学				●		●			
	宏观经济学				●		●			
	基础会计					●	●			
	管理学						●	●		
	市场营销学						●	●		
	组织行为学						●	●		
	财务管理					●	●			
	商务统计学			●		●				
	创业管理						●	●		●
专业教学平台必修	大数据探索性分析					●	●			
	数字营销				●		●			
	数字化人力资源管理						●		●	
	数字化供应链管理					●	●			
	市场调研						●		●	
	消费行为学						●		●	
	网络营销		●				●			
	运营管理						●			●
	服务营销			●		●	●			
	品牌管理					●	●			
	战略管理			●	●	●	●			
	跨境电子商务理论与实务					●	●	●		
	国际营销（双语）		●				●			●
个性化教学平台	数据可视化		●	●	●	●	●		●	●
	营销管理前沿						●		●	
	营销实训			●					●	
	新媒体营销						●			●

续表

平台	课程名称	毕业要求							
		道德伦理	逻辑思维	批判思维	信息技能	综合分析	团队协作	沟通表达	自主学习
实践课程	第二课堂实践	●			●	●	●	●	●
	第三课堂实践		●	●	●	●	●	●	●
	短学期实践		●	●	●	●	●	●	●
	毕业实践	●	●	●	●	●	●	●	●

第三节　学习产出教育理念下的课堂教学设计改革

一、课堂教学设计改革的思路

课堂教学设计改革重点从以下三个方面进行：

第一，课程目标改革。课程目标的表述将更加详细，做到与 AACSB 体系的团队协作、道德伦理、自主学习、批判思维、分析技巧、逻辑思维、沟通能力、技术能力相呼应。

第二，课程知识改革。课程章节的每一个知识点都呼应课程目标，最终在于提升学生能力，让学生清楚地知晓，为什么学，学了之后有什么用。

第三，教学方法改革。设计 22 项支撑学生能力培养的教学方法列表，包括案例分析、课程项目、小组作业、小微论文等，提升教学方法与学生能力达成的匹配性。

二、课堂教学设计改革的实例

以"数字营销"课程为例，通过围绕 AACSB《商科学生能力评价体系》的教学目标，从教学目标、章节内容、教学方法、实训手段、评价体系等方面进行系统设计，最终构建该课程课堂教学的新范式。

1. 构建"课程目标—学生能力"矩阵

如表 7-3 所示，教学目标的设计与学生能力紧密结合，目标与能力的确定分别通过教师走访企业，营销校友参与教学目标的讨论，学期初召开数字营销专业企业指导委员会会议，结合企业真实需求设计专业培养计划、培养目标、课程知识点以及教学方法。

表 7-3 "数字营销"课程的"课程目标—学生能力"矩阵举例

课程目标	AACSB 能力体系
课程目标 1：了解研究前沿与发展趋势，熟知数字营销学科的研究现状与发展趋势，以及数字营销知识对现代企业发展的作用	自主学习
课程目标 2：能够在模拟数字营销团队中承担个体、团队成员以及负责人的角色	团队协作
课程目标 3：能够针对复杂数字营销问题，选择与使用恰当的技术手段和现代技术工具进行建模、预测与仿真，并能够在实践过程中领会相关工具的局限性	技术能力

2. 重塑"课程知识—课程目标"关系

章节知识的表述与课程目标一一对应，让学生清楚地知晓学习的目的。举例如表 7-4 所示：

表 7-4 "数字营销"课程的"课程内容—课程目标"关系举例

数字营销的概念及作用（支撑课程目标 1）
（1）掌握数字营销的概念 （2）掌握数字营销的作用

3. 创新教学方法，有效融合各种实训手段

一方面，运用协作式、探究式、体验式等教学手段，学生组建团队，注册模拟公司，模拟企业营销活动；另一方面，采用走出去、请进来等方式，设立国际营销精英进课堂，引入外部智库（见表 7-5）。

表 7-5　支撑能力培养的教学方法列表

1	案例分析	管理案例分析和讨论的方法
2	课程项目	完成一个虚拟的与课程有关的管理项目
3	小组作业	由 3 人以上完成作业或报告
4	小微论文	撰写 2000 字以下的与课程相关论文
5	课堂练习	随堂进行测试
6	口头演讲	个人或小组进行口头演讲
7	数学模型	用数学模型解决管理问题
8	模拟与游戏	通过计算机模拟或者模拟游戏进行教学
9	新闻事件分析	分析当下与课程有关的新闻事件
10	Excel 的使用	借助和使用 Excel 解决管理问题
11	产业与趋势分析	通过信息收集分析某一产业或某一趋势
12	数据库使用	使用数据库解决管理问题
13	实践精英进课堂	请企业界精英授课
14	岗位实习	在特定的管理岗位上进行实习
15	实验室实验	在实验室中完成特定实验
16	实地实习	在野外或真实管理情景中进行学习
17	报告考试	用撰写报告的方式进行考核
18	试卷考试	用试卷形式进行考核
19	学术论文写作	撰写管理学术论文
20	科研小项目	完成已经设计好的科研小项目
21	研究项目设计	根据要求完成科学研究项目设计报告
22	学术论文阅读	阅读与课程相关的学术论文，并参与讨论

第四节　学习产出教育理念下的质量保证体系

一、PDCA 专业质量保证体系构建

为落实和提高市场营销专业人才培养质量，实施 PDCA（计划、执行、检

查、处理）教学质量保证体系（见图 7-1）。从计划（规划）源头着手，执行与检查全过程动态管理，及时调整计划与实际误差，提出改进措施。

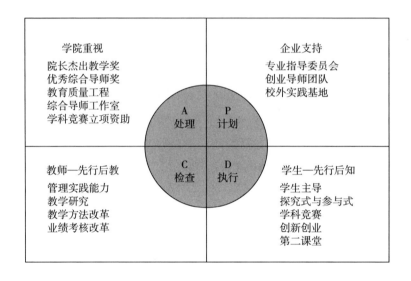

图 7-1　PDCA 专业质量保证体系

首先，学院高度重视教学改革，加大教学资源投入与激励。具体包括：加大教学激励力度，通过校友捐赠，每年奖励院长杰出教学奖 1 人、优秀综合导师 5 人，极大激发教师投身教学和人才培养的积极性；大力夯实综合导师制，开展四年一贯制的人才培养。开展特色培养工作，设立 8 个特色综合导师工作室；高度重视学科竞赛，建立各类竞赛组织，支持学生开展企业调研、竞赛立项等工作。

其次，切实吸引企业支持教学改革，深入参与课程教学与人才培养。为此，开展了卓有成效的产学研合作联盟，比如吸引企业精英参与人才培养，设立专业指导委员会，把脉人才需求和培养模式；校友积极支持教学改革，捐赠 100 万元设立经理人培养基金，奖励投身教学的教师和学有所成的学生；企业精英积极参与课程建设，不断加强校外实习基地建设，强化实习实践教学。

再次，切实提高教师人才培养能力，积极投身教学改革。近年来，主要借助如下手段：通过企业挂职、社会服务、移动课堂等形式提高教师管理实践能力；积极鼓励和支持教师开展教学改革研究和教学方法研究工作，鼓励教师通过"互联网+"改进教学。

最后，切实激发学生学习动力，主动参与各类学习活动。切实改革教学方式，将课堂还给学生，开展探究式和参与式教学，加大课业难度，学生学习积极性提升。据校督导组数据，学生到课率近2个学年以来不断提升，近两个学期的到课率为93.77%和94.02%，在全校排前3名和前2名。与此同时，提供资金，资助学生参与调研和学科竞赛，鼓励学生参与各类创新创业活动和第二课堂活动。

二、市场营销专业范式改革的成果与特色

1. 能力导向的课程体系与教学方法

市场营销专业深化专业核心课程建设，建立专业课程的能力培养模型，改革课程教学内容与考核方式。推进小规模在线课程（Small Private Online Course，SPOC）等教学范式改革，推行小班化教学，加强师生联系与沟通。加强案例教学，通过管理案例中心与案例库建设，打通案例研究、教学、社会服务、人才培养与师资培养之间的关系。协作式、体验式、探究式教学一直是市场营销专业教师大力提倡并广泛使用的教学手段和方法。目前，市场营销专业教师通过课程试点，正在逐步推进的教学方法主要体现在以下几个方面：

一是项目式教学。课程模拟企业营销活动过程并分解为若干任务，引导学生组建模拟公司逐步完成商业计划书。在整个过程中，企业走进课堂，实际参与项目的设计与最终成绩的考评。

二是创业式教学。将市场营销学的基本理论通过模拟创业计划书、在线营销软件进行团队演练，引导学生深入分析以大学生为主体的消费需求，探寻市场商机，制定可操作性强的创业方案，直至通过营销风情街、菜园淘宝、大学创业园

等社团活动或创业集聚区推向实战市场。

三是慕课式教学。根据课程内容、授课教师资源的不同，一批专业课程采用了完全慕课、混合慕课和内容许可的三类方式，引入了更加多元优质的知名院校课程和外教资源，延伸、拓展了学生的学习空间。

2. 夯实四年一贯制综合导师制

师生关系密切是开展人才培养的关键，本团队基于学校综合导师制，深入推进该项工作。从大学 1 年级实施导师制，开展四年一贯制的人才培养。推出了优秀综合导师评选办法，首批奖励了 5 名优秀导师。

自 2014 年 11 月成立营销专业企业指导委员会，聘用有实务经验的兼职教师。委员会成员由 24 位企业总经理或高级营销管理人员组成，营销实践经验丰富。每学期有 2~4 位委员会成员莅临我系为学生讲授营销理论知识和实践经验，同时每学期有 2~4 家成员单位为市场营销专业学生开展丰富的移动课堂、假期兼职、暑期社会实践、毕业实习等活动。学生受益匪浅，反响强烈。

为了提高学科竞赛水平，学院成立了学科竞赛组委会，制定了学科竞赛章程，设计学科竞赛奖励制度，实施赛事项目负责制。项目组由 2~3 人组成，负责人由竞赛指导经验丰富老师担任。根据各个赛事特点，动员、组织和指导学生参赛，获奖成果列入职称评审、教学业绩考核等，激发教师指导竞赛的动力。

3. 五层次市场营销专业实践体系

高校强调的是创新人才的培养，创新能力和信息能力（包括对信息进行获取、分析、加工、利用与评价的能力），是信息社会创新人才必须具备的两种重要的能力素质。这种能力素质的培养需要特定的教学环境的支持，只靠"课堂演示型"这一种教学模式是远远不够的。因此，必须改革传统的教学模式，我们在数字营销专业的教学过程中突出实践性教学，构建了市场营销专业实践教学体系（见表 7-6）。

表7-6　市场营销专业实践教学体系

序号	层次	实践内容	组织办法
1	第一层次：课程体系中的实践教学	营销基础认知实践	依托实践基地开展了企业参观、营销人员访谈、营销经理人讲座等形式多样的实践教学
2	第二层次：课程环节中的实践教学	了解并解决企业实际问题（项目式教学）	引导学生将课堂的理论知识与市场实践结合起来破解难题
		了解市场需求，寻求市场机会（创业式教学）	了解市场需求，以商业计划书、创业计划书进行汇报
3	第三层次：软件模拟实践教学	营销能力训练实践	将实践教学与仿真软件模拟联系在一起，最大限度地让每一个学生参与实践
4	第四层次：连续调查	经济社会调查、企业调查、专业调查	组织学生走向企业、市场、社会，进行某一个具体问题的调查研究
5	第五层次：毕业实习	毕业实习	通过4~8周的浸入式实习，使毕业生尽快地融入就业单位

第一，课程体系中的实践教学。目前"营销实训""网络营销""市场调查与分析""公共关系学""服务营销""商务谈判""市场营销学"课程都设置了不同比例的实践教学学分，教师们依托实践基地开展了企业参观、营销人员访谈、营销经理人讲座等形式多样的实践教学。

第二，课程环节中的实践教学。课程中的实践教学主要采用两种方式：项目式教学和创业式教学。"营销实训"和"市场营销学"两门课程均获得浙江省高等教育课堂教学改革项目资助，分别探究这两类实践教学范式的改革。通过引入企业实际问题和市场需求作为题目，授课教师引导学生将课堂的理论知识与市场实践结合起来破解难题，以商业计划书、创业计划书进行汇报，企业导师和授课教师合作考评引入智库。

第三，软件模拟实践教学。利用系、院、校购置的仿真软件开展模拟教学，将实践教学与计算机模拟紧密联系在一起，最大限度地让每一个学生参与实践，并获得客观评定。

第四，连续的调查。主要通过调查手段，由经济社会调查、企业调查、专业调查构成，主要促进学生对市场、企业、专业的了解而设置。

第五，毕业实习。通过4~8周的毕业实习，使毕业生尽快地融入就业单位，完成角色转换。

总之，校外实践教学基地建设、企业精英进课堂等活动的开展，打造数字营销人才培养的实践教学条件和模拟训练环境。

第八章

新文科时代营销人才知识共创培养模式的实践成果

第一节 金专：市场营销国家一流本科专业建设点

专业是人才培养的基本单元，直接关系高校人才培养质量、高等教育服务经济社会发展水平以及能否真正成为推动国家创新发展的引领力量[28]。数智时代对商科就业生提出更高的价值期望，不仅需要具备商科背景知识，还要具备数智化知识与技能[29]。

一、专业定位、历史沿革和特色优势

1. 专业定位

面向"互联网+"和国际化浪潮，对接浙江经济社会发展"数字经济、智能制造、互联网金融"等高端产业需求，培养具有国际视野和财经特色的数字型营销人才（见图8-1）。

2. 历史沿革

市场营销专业历史沿革分为五个不同阶段：专业创立阶段、实践应用导向阶段、创新创业导向阶段、国际化导向阶段、数字转型阶段（见图8-2）。本专业

于 2020 年获批国家一流本科专业建设点：市场营销（教高厅函〔2021〕7 号）。

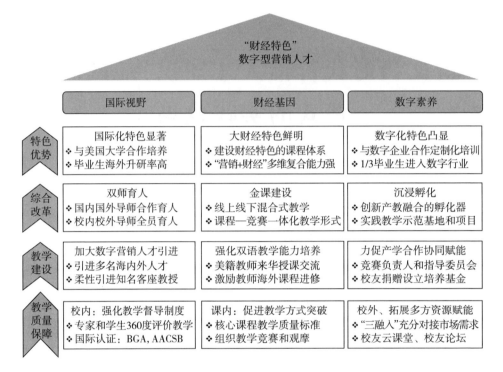

图 8-1　市场营销专业人才培养体系

图 8-2　市场营销专业历史沿革

3. 特色

（1）国际化特色显著。全国省属院校中唯一开设专业销售（B2B）的中外合作项目，2020 年毕业生海外升研率高达 49%。

（2）大财经特色鲜明。制定具有财经特色的课程体系，培养学生"营销+财经"复合能力，就业领域体现了"大财经特色"。

（3）数字化特色凸显。率先设立数字营销第二学位，打造"数字课程教学+数字企业实训"培养模式，1/3毕业生进入数字行业。

4. 优势

（1）学科平台强。依托工商管理国家一流学科、一级学科硕士学位点、MBA学位点，专业排名在全国排前4.8%。

（2）实践平台强。建有省级实验示范中心4个，省财政支持实验室1个，教育部产学合作协同育人项目7个，校外实践基地44个。

（3）师资队伍强。有国家社科基金重大项目首席专家1人，省级人才工程2人，师德先进个人2人，中国高校市场学研究会常务理事2人、理事10人。

（4）人才培养优势。基于强势学科平台、实践平台和师资队伍，形成了"国际化+大财经+数字化"人才培养优势。

二、深化专业综合改革的主要举措和成效

1. 主要举措

如图8-3所示，深化专业综合改革主要从人才培养理念、教学改革手段、师资梯队建设、实践创新模式四个方面展开。

（1）专创融合的人才培养理念。建立专业教育与创业教育相融合的培养模式，分设数字营销B2C方向和专业销售B2B方向。紧扣营销新兴领域（如新零售）和跨学科研究（如神经科学），层级化、模块化课程推进新商科建设。

（2）一流金课的教学改革手段。构建课程思政的思想方阵，牢固树立知识传授与价值引领同频共振的教学理念；构建在线课程的数字方阵，大力建设互联网+课程与新形态教材同向聚合的教学资源；构建课程竞赛的创新方阵，全面开展课程教学与学科竞赛同向同行的教学活动。

图 8-3　深化市场营销专业综合改革的主要举措和成效

（3）双师育人的师资梯队建设。国外销售导师团全英文授课，学生赴美学习一年，实现"双语言"学习；国内导师工作室联合培养，学生带项目孵化，实现"多对一"指导；率先成立全员育人领导小组，设立全员育人办公室，全过程、全方位、全员育人。

（4）沉浸孵化的实践创新模式。建立"学、练、赛、训、创"产教深度融合的实践体系，引入24名企业导师成立市场营销专业指导委员会，打造职业经理人孵化器，持续推动协作式、体验式、探究式、项目式等实训手段，实现管理知识的模拟教学、行动教学和实践应用的贯通。

2. 成效

（1）卓越人才培养效果优秀。学科竞赛和学生创新创业成绩不断攀升，近三年获国家级竞赛奖28项，省级奖项34项；涌现出一批杰出创业者，如在线教育"家有学霸"（估值25亿元）创始人余泽彬等。

（2）一流金课梯队结构合理。建有工商管理类核心课程一流金课1门，获推国家级一流课程 1 门，省本科院校"互联网+教学"示范课堂 2 门，本科高校省级"三类"一流课程 14 门，省普通高校"十三五"新形态教材 2 本，校级、院级课程思政 18 门。

（3）产学协同育人平台丰富。获批全国经济管理院校工业技术学研究会"商务谈判实践教学示范基地"和"中国高校市场学研究会绿色消费与绿色营销研究中心（专委会）"；获批教育部 7 个产学合作协同育人项目，1 个省级产学合作协同育人项目，1 个省级大学生实践基地，44 个校级、院级实践基地。

（4）改革成果受到高度评价。《光明日报》、《中国教育报》、《浙江日报》、人民网、中国新闻网、中国教育在线等上百家线下或线上媒体对市场营销人才培养模式和课程考核方式改革进行了广泛报道，赢得了社会高度赞誉。例如，《光明日报》进行了题为《多维度打造"新商科"人才培养模式》的报道。

三、加强师资队伍和基层教学组织建设的主要举措及成效

1. 主要举措

（1）加大数字营销人才引进。2017~2019 年引入南开大学、圣安德鲁斯大学等人才 9 人，引进经费 527 万元；柔性引进诺丁汉大学、重庆大学等教授 3 人；设立助讲培养项目、科研导师制助力青年教师综合能力成长。

（2）提升国际视野教学能力。依托教师发展中心开展教学观摩、竞赛、案例教学培训和线上线下教学；拓展国际教学进修，如美国课程进修、日本精益管理培训、哈佛商学院案例特训。

（3）锤炼产学合作财经特色。职业经理人和社会导师协作、体验、探究教学实践；心理、读书、创业和案例综合导师工作室实现师生多维互动；教师挂职企业中高层职务培养双师型师资。

2. 成效

（1）国际视野师资增强。2017~2019 年 12 名教师国外访学，21 名教师参加

了名企名校短训，师资培训博士率达 90%，国际访学时间半年以上的达 90%。

（2）数字型双语教学提升。如表 8-1 所示，每年投入百余万元建设中外合作项目，美籍教师 6 人全英文授课 3 个月，开设 4 门在线英文课程。

表 8-1　2017~2019 年市场营销（中外合作项目）专业建设经费

年份	教学管理监督维护	中美教学实践交流	教师赴外研修培训	总经费（万元）
2019	26	40	80	146
2018	45	66	30	141
2017	30	61	40	131

（3）创新型产学合作丰富。校友捐赠 100 万元设立经理人培养基金；校企双创实践平台、人才培训营、师资培训营等合作平台不断涌现。

（4）财经类科教成果卓著。申请通过国家社科重大、重点课题各 1 项，省部级以上课题 18 项，发表了 SCI/SSCI 论文 24 篇，出版了《新时代浙商转型与营销升级经验》等十余本案例集。

四、加强专业教学质量保障体系建设的主要举措和成效

1. 主要举措

贯彻能力导向（Outcomes-based Education，OBE）理念，以课内质量评价、校内质量监督、校外质量监控的内外部循环，形成知识学习、应用和创新的闭环（见图 8-4）。

（1）坚持"以学生为中心"的质量导向。设立专业教学质量标准，校院两级督导、学生和校外专家 360 度评价教学，课堂竞赛和集体备课促进教学改革。

（2）坚持"五查"制度全面监控教学。培养方案审查、常规教学检查、定期教学检查、专项内容检查、学生跟踪调查，建立完备的教学制度开展过程管理。

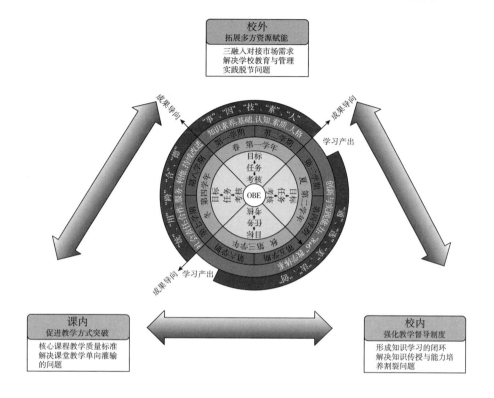

图 8-4　加强专业教学质量保障体系建设的主要举措

（3）坚持"五评"制度客观评价教学。多元评教、多维评学、专项抽评、专业评估、认证评估等，建立多元的评价制度激励教学质量提升。

2. 成效

（1）教学质量稳步提升。零教学事故，零师德师风不良事件；校教学突出贡献提名1人，院长杰出教学奖4人。《情境嵌入、实训沉浸、协同赋能：新商科背景下新营销人才培养模式的创新与实践》获2019年校教学成果二等奖。

（2）实践能力大幅提升。"三融入"对接市场需求：企业家融入课程设计，社会导师融入课堂指导，职业经理融入学科竞赛。围绕创新创业开展校友云课堂23次，校友论坛33次，专场招聘24次。学生多维复合能力强，"营销+财经"知识交叉；社会调查、企业见习和顶岗实习经历丰富。

五、毕业生培养质量的跟踪调查结果和外部评价

1. 毕业生培养质量的跟踪调查结果

（1）毕业生一次就业率高。2018~2019 年学生就业率为 100%（见图 8-5）。

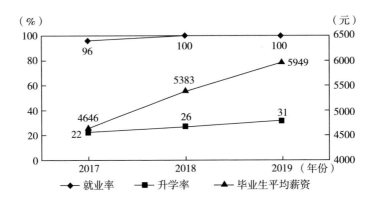

图 8-5 2017~2019 年市场营销专业就业率和升学率

（2）国内外升研率高。2019 年毕业生升研率达 31.0%。

（3）优质就业率和薪酬高。2017~2019 年毕业生平均工资为 5949 元，高于全省本科毕业生平均工资 19%。

（4）服务地方经济比例高。1/3 毕业生进入数字经济、智能制造、互联网金融等行业。

2. 外部评价

（1）专业教学成果在全国产生示范效应。《光明日报》《中国教育报》等报道了市场营销专业教学成果，得到国内同行高度认可，产生了全国性示范效应（见图 8-6）。武汉大学邱均平版专业排名报告显示，2018 年浙江财经大学市场营销专业排名已攀升至全国前 5.5%。

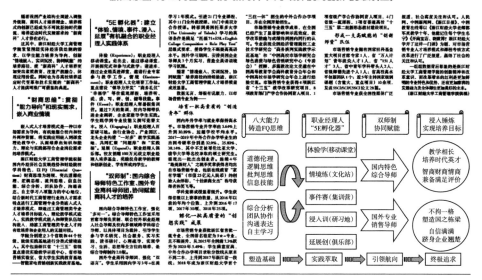

图 8-6　《中国教育报》对市场营销专业的报道

资料来源：《中国教育报》，http：//paper. jyb. cn/zgjyb. . /html/2020-08/10/content_583109. htm。

（2）用人单位对毕业生总体满意度高。浙江省教育评估院 2017～2019 年调查数据显示，用人单位对本专业毕业生综合素质满意度为 92. 5 分，高于全省平均水平 2. 5 分。毕业生得到用人单位高度认可，对母校的总体满意度和推荐度均在 80% 以上。

（3）"国际化、大财经、数字型"人才培养成效显著。2013 年，浙江财经大学与美国托莱多大学携手，启动市场营销中美合作项目。该项目吸收引进美方优秀的营销人才培养体系，培养具有国际化视野、通晓国际惯例的"学贯中西型数字型 B2B 营销人才"，项目特色为专业销售（Profession Sales）或企业间营销。大部分毕业生就业于宝洁、海康威视以及四大银行、政府机关、国家电网等国有企业和机关，超过 35% 的学生考入哥伦比亚大学、伦敦大学、宾夕法尼亚大学、香港中文大学、浙江大学等国内外名校深造。

六、推进专业建设和改革的主要思路及举措

1. 主要思路

全面贯彻能力和应用导向的专业建设思路，深化人才培养模式，以课程思政为抓手加强课程群建设；深化新商科建设，利用新兴技术加快推进商科教学的交叉融合；深化教学范式改革，加快推进一流课程建设；深化产教融合构建，加快实践教学课程对学生的培养。培养适应数字经济和产业转型升级的创新型、应用型现代商业营销人才（见图8-7）。

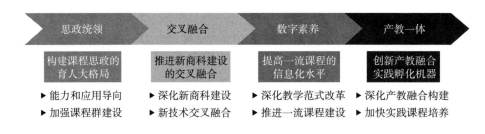

图8-7　市场营销专业建设主要思路及举措

2. 举措

（1）锚定能力培养，深化人才模式改革。首先，教学目标从知识掌握转变为能力培养。以课程思政为抓手完善市场营销专业理论模块，提升实践教学比重到30%。其次，实行"分层培养、层层递进、逐步提高"，培养学生综合运用能力和创新能力。最后，不断提高教师数字化、国际化视野，聚焦"数字和新媒体营销""数字营销和智慧商务"领域。

（2）围绕商科目标，深化"互联网+"教学改革。第一，推进"互联网+"、虚拟仿真技术应用，加快慕课、网络在线课程建设，系统设计5~8门线上+线下

营销专业课程并实施模块化教学；第二，开发 2~3 门国家级精品课程，将"数字营销"等 3~5 门主干课程建设成省级精品课程，推进营销金课体系建设；第三，发展以商科为中心的学科交叉平台，促进大数据、人工智能与专业核心课程的交叉融合，形成项目化课程特色。

（3）夯实数字素养，深化教学范式改革。第一，利用微课夯实数字素养教育，通过校内外联合培养模式优化教学团队建设和数字素养考评体系；第二，加强本科生导师综合培养体系，全面指导学生参与数字营销类型科技创新竞赛等实践活动；第三，构建混合式精品教学体系，打造适合学生自主学习、自主管理的智慧课堂。

（4）构建产教融合，深化实践课程改革。首先，通过产教研体系构建和智能营销课程体系建设提升学生的职业素养，提高学生的社会实践能力和创造性思维；其次，建立校企合作，产学融合的课程教学体系，加强校内外实训教学条件建设；最后，提升实践课程的教学质量，引导教学科研有机结合，注重培养学生的独立思考能力和知识应用能力。

第二节 金课：市场营销学（双语）国家一流本科课程

"金课"是"四金"建设中的重要内容，也是专业"金生"培养的关键要素，课程质量直接关系着人才培养质量。一直以来，市场营销专业坚持以学生为中心、产出导向、持续改进的培养理念，结合一流本科专业，深入挖掘优质课程资源，提高课程的"两性一度"和"交叉性"，以一流课程建设为抓手，推动教育数字化深度融入人才培养和教育教学教育管理，深化本科课程体系、课程内容与教学模式改革创新，努力打通"金生"培养教学改革的"最后一公里"。

一、课程负责人和团队其他主要成员教学情况

课程负责人从事市场营销教学 17 年，主讲"市场营销学（双语）""Marketing"等课程。以情境嵌入、实训沉浸、协同赋能为特色，推进"市场营销学（双语）"金课建设。在课堂教学创新上，打造"导研、导练、导思"的课堂特色，荣获浙江省教师教学创新大赛二等奖、省本科院校"互联网+教学"示范课堂、省课程思政优秀微课；同时，基于知识共创理念，对课堂教学展开系列教学改革研究，主持省高等教育教改课题、省教育科学规划研究课题、省高等教育学会高等教育研究项目（重点）共 6 项；强化课程的产教融合，孵化教育部、省级产学合作协同育人项目共 4 项，省级大学生校外实践教育基地 1 项；课程负责人荣获校级师德先进个人、院长杰出教学奖等称号 3 次，2022 年入选"百名教授金课援疆"首批成员，为新疆理工学院市场营销专业学生讲授线上线下混合式课程，开展柔性援疆。

课程组充分发挥青年教师的国际化学术背景和视野，深入企业实地调研，主动运用新技术、新手段、新工具，创新教学方法。重视以研助教，例如，浙江省软科学研究项目（重点）"基于模块化视角的浙江企业高校联动创新协同机制及政策激励研究"、浙江省自然科学基金项目"人工智能营销对消费者自主性的影响机理研究"，均正向带动课程的产学研融合。

二、课程目标

以"全球视野、能力导向、知行合一、产教融合"为教育观，结合学校"创新创业型大学"的办学定位，遵循中外合作项目的教学规范，重点打造"市场营销学（双语）"课程的国际化、高阶性与创新性。针对大二学生专业认知尚浅、实践实训较弱，距离具备"国际视野、财经基因、数字素养"的营销人才目标尚存在较大差距的现实情况，课程目标设立如下：

1. 知识目标

系统掌握市场营销学的理论知识和分析工具；理解企业在营销活动中的重要角色与职能；了解国内外优秀企业的营销实践和创新应用。

2. 能力目标

养成从事环境分析、市场调研、战略谋划、策略实施等营销活动所需的数据分析、批判思维、迭代创新和沟通交往能力，激发自主探究、建构新知的潜能。

3. 素质目标

既具备宽广的国际视野，又能扎根本土企业进行营销管理实践，有远大理想、文化素养和责任担当。

三、课程建设及应用情况

1. 建设发展历程

"市场营销学（双语）"课程是浙江财经大学的优势课程、特色课程和专业骨干课程，2013 年起设立，面向市场营销、会计、金融中外合作项目学生。

（1）初始期（1990～2006 年）：实践导向，知行合一。成立市场营销系，开设"市场营销学"，对象：经管类专业学生，获批省精品课程。

（2）成长期（2007～2012 年）：双创导向，产教融合。面向企业需求，提升实训质量，获批省课堂教学改革项目 6 项。

（3）壮大期（2013 年至今）：国际化导向，分层培养。建立中外合作项目，开设"市场营销学（双语）"课程，先后获批浙江省本科高校省级一流课程（线下一流、线上一流）、省高校课程思政示范课程，2023 年获批国家级一流本科课程：市场营销学（双语）（2023231018）。

2. 课程与教学改革要解决的重点问题

（1）国际化问题。如何紧扣国际化与本土化融合愿景，培养既能够服务地方新商业发展，又通晓国际市场环境的高层次、应用型营销人才。

（2）情境问题。如何改变传统课程"市场比教科书跑得快"模式，突出实践命题与商业现实场景结合，训练学生审辩式思维能力。

（3）沉浸问题。如何打造适合学生知识共创、人机交互的智慧课堂，促进大数据、人工智能产业技术与课程的交叉融合，让学生乐于学、勤于思。

（4）协同问题。如何安排学生个别化学习与合作学习，如何组建"双师"团队，加强研究型、项目式指导。

3. 课程内容与资源建设及应用情况

（1）建设情况：把案例教材、实训平台、共创社群作为内容和资源建设的重要抓手。

第一，研发有"深度"和"用度"的案例教材。出版《市场营销案例集》（浙江大学出版社，2014年）和《新时代浙商转型和营销升级经验》（经济管理出版社，2020年）两部案例教材，带领学生深入企业开展一手调研；开辟"营销热点新闻评述专栏"，接受媒体采访40余次，形成新闻案例20篇。

第二，打造有"硬度"和"力度"实训平台。构建线下"智慧新营销之菁英讲堂"和线上"市场营销仿真模拟平台"。录制59个、总时长520分钟、涵盖16章教学内容的微课视频；聘请24名企业高层营销管理人员，担任"职业经理人"导师，把新技术、新手段融入课程实训。建有教育部、省产学合作协同育人项目4项。

第三，构建有"强度"和"温度"的共创社群。通过线下营销研讨会和线上创业交流社区，师生深入交流项目难点与瓶颈，助力创意想法的落地孵化。鼓励中国学生与国际留学生以创业项目为载体，联合组队，广开思路、融合文化、交流知识。

（2）应用情况：线下为主，线上为辅，过程可溯，及时诊断。

第一，智慧教室应用。探索智慧教室开展线下课程改革，利用物联网智控教室、精品录播教室、互动讨论教室，有意识收集数据，开展教学反思，打破传统课堂的沉默状态。

第二，网络数字化教学。利用浙江省高等学校在线开放课程共享平台的慕课教学工具，跟踪学生微视频预习、随堂小测、学习笔记、心得感悟、交流讨论。微课视频也被宁波财经学院、温州大学等高校采用。

4. 课程教学内容及组织实施情况

（1）教学内容。"市场营销学（双语）"课程包括四部分、16 个章节：认识营销管理（营销理念、公司战略），理解市场和顾客（营销环境、市场调研、消费者行为），设计营销战略（市场定位、竞争识别），整合营销组合（产品、价格、渠道和促销策略）。其中，实践教学 6 周，占比 37.5%，包括：1 次营销策划文案比赛，2 次智慧新营销之精英讲堂，3 次营销研讨会，构成"1-2-3"模式。

通过在有限教学周期中灵活运用案例研讨、情景模拟、企业参观、项目开发等教学方法，配合学生个别学习、小组学习、组间对抗等组织形式，形成知行合一的"组合教学体系"，较好地解决了传统教学中的情境短板和实操困难。

第一，静态、局外的文本案例研讨。根据课程组编写的文本案例和微视频案例，学生运用理论知识对营销实践进行分析。

第二，动态、局外的互动案例研讨。企业家参与问题解构，链接行业先进的核心理论和成果，建构产教的知识融合。

第三，动态、模拟的决策对抗实训。借助计算机的演算、更直观化的场景，学生扮演营销经理的角色做出连续性决策和竞争。

第四，动态、真实的营销项目开发。更强调学生的亲身体验和深入分析，做到从创业者视角研判市场动态，制定营销决策。

（2）组织实施。秉持学生中心、产出导向、持续改进理念，采用 BOPPPS 教学模式。BOPPPS 教学模式源于加拿大的教师技能培训，是一种以教学目标导向、以学生为中心的教学模式。它由导言（Bridge-in）、学习目标（Objective/

Outcome）、前测（Pre-assessment）、参与式学习（Participatory Learning）、后测
（Post-assessment）和总结（Summary）六个教学环节构成。

1）导言环节，兴趣激发：以国际企业微视频案例和文本案例，引出知识
背景。

2）目标环节，认知激活：明确学习目标，包括知识、能力和素质要求，厘
清重点和难点。

3）前测环节，自主探究：随堂小测，考察学生的自主预习和自我探究，开
展针对性教学。

4）参与式学习环节，深入浅出：利用文本案例、互动案例、决策对抗、项
目开发，开展沉浸式的教学体验，确保学习目标的实现。

5）后测环节，身临其境：以营销热点新闻评述，检查学生灵活运用知识，
剖析市场动态的能力。

6）总结环节，学以致用：归纳知识图谱，围绕营销项目开发进行拓展性思
考，加强综合应用训练。

5. 课程成绩评定方式

课程教考分离，集体阅卷，评价严格；所有数据可查，过程可回溯；评定采
用形成性与终结性相结合的方式。

（1）最终成绩由期末考试（40%）和平时成绩（60%）构成。

（2）期末考试采用标准化考试，但是主观论述题仍占60%。

（3）平时成绩加强非标准化评价，由课堂回答和讨论（20%）、作业和测验
（20%）、期中考试（20%）构成。

（4）课堂回答和讨论就由客观题测试（5%）、笔记/心得/讨论（5%）和案
例分析（10%）三项组成，加强综合性评价。

（5）作业和测验，采用探究式、论文式、报告答辩式结合的项目作业。

（6）期中考试，采用营销模拟决策业绩和实训报告相结合，均体现过程评价。

6. 课程评价及改革成效情况

（1）课程评价。贯彻学习产出的教育理念，以课内质量评价、校内质量监督、校外质量监控的内外部循环，形成知识学习、应用和创新的闭环。学生参与度高，学习获得感强，对教学的满意度高。2019级孙伊凡的体会是：课程内容极其丰富，不仅接触到了课本内容，还进行了营销策划写作、模拟经营演练以及学科前沿会议，真正做到将知识运用到实际中。

课程改革迭代优化，结合智慧营销产业发展，更加聚焦数字营销内容的讲授和信息化工具的应用。学生对课程的国际化、高阶性和创新性评价高。2019级刘可意评价道：课程对我影响最大的不是知识，也不是英语水平的提高，而是线上营销模拟决策比赛，让我得以作为一个营销者参与竞争，让我对市场营销产生了兴趣，真正喜欢上了这门学科。2018级季彦彤称赞：老师对于教学形式的创新令人惊叹，同时也体会到营销学的专业性与乐趣性。

（2）改革成效。

一是项目实践挑战度高。2017~2019年获教育部产学协同育人项目3项，建设省大学生实践教育基地1个，学生在干中学、学中做。

二是课堂改革丰富度高。获省高等教育研究项目3项，获批国家级一流本科课程、省一流课程、省课程思政示范课程。改革模式获中国高校市场学会两项国家级教学成果奖，《光明日报》《中国教育报》进行了报道。

三是学生能力提升度高。教学团队对课程作业持续辅导。获国家大学生创新创业训练计划5项，省"互联网+"大学生创新创业大赛、挑战杯奖项以及新苗人才计划项目共10项。

四、课程特色与创新

1. 课程特色

（1）全球视野，职责担当。引进国际权威教材，融合国际化与本土化愿景，培养具有人文情怀、勇担社会责任、敢于创新创业，能够服务地方新商业发展的应用型营销人才，落实课程思政的建设要求。

（2）能力导向，立足转化。对接浙江经济发展"数字经济、智能制造、互联网金融"等高端产业需求，反向设计学生的知识结构和能力目标，通过分层培养、进阶培养、贯通培养，强化营销与大数据、人工智能等新技术的融合，体现前沿性与时代性要求。

（3）知行合一，实践问道。倡导"以学为中心"的教学改革和"以学习成果为导向"的考核改革。充分融入案例教学、沙盘模拟、项目开发等实践元素，链接真实市场，形成多学科项目实践融合。

（4）产教融合，内驱外推。围绕复合型人才培养主轴，以理论与实践融合、中外融合为双驱，构建开放型课程体系、集成化教学模式、立体化合作平台，整合和保障教学资源的优质性与适用性。

2. 课程创新

（1）引导文献阅读，提升理论"深度"，启迪"创意"。培养学生自主获取知识的能力，塑造良好的专业思维，奠定坚实的知识基础。

（2）融合网络实验，夯实技术"硬度"，赋能"创新"。将全国市场划分为七大区域进行营销决策对抗，根据经营状况客观评定实验成绩。

（3）推行综合作业，打造实践"强度"，引领"创业"。注重营销伦理与社会责任的案例开发，提升学生的道德情操；弘扬中国梦与企业家精神的改革项目开发，建构企业文化的认同；传播美丽乡村和民族企业的创新品牌开发，培养学生的合作能力。

（4）拓展国际视野，延伸思维"广度"，赋能"创造"。引进海外高层次人才和国际外教，根据英语水平进行分层培养，提升学生跨文化沟通能力。

五、课程建设计划

1. 进一步解决的问题

（1）基础教学资源的持续更新；

（2）提升学生素质的习题库建设；

（3）课赛结合的持续项目孵化机制；

（4）校企合作开放式课程教学模式；

（5）线上学习效果的深度挖掘；

（6）在线课程校际共享。

2. 改革方向和改进措施

（1）真题真做，培养综合实践能力。增强校企互动，充分利用企业问题和行业难题，进行营销项目和案例开发，提高学生实操技能，进行思维拓展，真正提高学生的综合能力和对行业解决问题能力。

（2）课赛结合，提高创新素养。将营销策划、挑战杯、"互联网+"大学生创新创业大赛等学生竞赛与课程作业相结合，引导学生集思广益、团队合作、用心打磨、组队参赛，并在课外利用教学团队师资，进行作品辅导、校赛选拔、校外选送。

（3）线上线下，扩充教学资源。项目组除了通过教科书建立营销知识的系统框架之外，还将通过强化经典文献的阅读与分析，强化对营销理论的深度理解。进一步做好核心知识点、案例集、习题库的更新与升级，有序推进线上线下混合式教学。

（4）重视线上，增强效果检测。反复强调线上学习的知识储备，学生在线专区专项学习任务结束后，课堂运用"雨课堂"、学习通 APP 发布高频随堂测验，监督巩固线上学习。

第三节 金师：教书育人终不悔，热血丹心话沟通

教师是人才培养的决定力量。教育部高等教育司司长吴岩在《打造"金专"
"金课"，锻造中国"金师"》的报告中阐述了"金师"的四大条件：政治素质
强、教育站位高、国际视野宽、五术要求精[30]。其中，五术要求精包括道术要
精，要有大境界、大胸怀、大格局；学术要精，要学科深厚、专业精湛；技术要
精，要育人水平高超、方法技术娴熟；艺术要精，要有滋有味、有情有义；仁术
要精，要坚守仁心仁术、以爱育爱。

2016 年，在浙江财经大学教学质量年会上，我作为唯一的教师代表，进行
了发言，内容如下：

用心沟通，不分讲台上下，课堂内外，专业非专业，是我对言传身教的
解读。

2006 年我踏进财院的校门，从此三尺见方的讲台是我战斗的岗位。感谢这
所美丽的学校以及各位可亲可爱的老师，是你们的言传身教引领着我回归母校，
手执教鞭。我时常想，学校给予了我什么？我又能为学校做些什么？我时刻鞭策
自己创先争优，"用心、用爱、用情"来对待这份崇高的事业，"用心备课，孜
孜以求注重对课程细节的把握"；"用爱呵护，循循善诱完善对学生发展规划的
辅导"；"用情耕耘，兢兢业业加强对专业建设的开拓"。

从入校工作至今，我担任过四届市场营销班级的班主任，"虽然我没有同事
们丰富的二三十年的从教经验，但我自信拥有一笔财富，一段从无知到无畏、从
迷茫到清晰的市场营销本科四年学习的经历"。于是，带领每一届学生，从接触
班级的第一天起，我就把这段经历与学生分享，和大家讨论经验，因为我坚信，
成功可以归类，方法可以推广。为了有效了解学生们的想法，更为了学生们可以

敞开心扉地向老师，或者也可以称之为学姐的我倾诉，我使用了纸条这一简单的工具，匿名、签名均可。小小的纸条记录了学生们在校园里感到最快乐的事情，也一并传递了他们对宿舍、对课程、对班级、对社团、对学院的抱怨、困惑、不理解、需要寻求的帮助。于是，大学目标的设定、学生社团的选择、转换专业的要求、兼职实践的利弊……我通过一次次班会，帮助学生排疑解惑。2014 年起，工商管理学院编制了《班主任工作手册》，要求每位班主任将工作记录在册。制度实施的第一个学年，手册中记录了我的 12 次班会的议题和内容。对于在道路的选择上徘徊、迷茫、忧郁甚至盲从的学生，我亲笔写过一封信《大学规划需要SWOT 分析》送给他们，帮助学生树立信心，明确适合自身发展的目标。每当学生毕业时，这些累计的纸条变成了青春的记忆回赠他们。2018 级营销毕业班在离别时送给我的一句话，让我至今记忆犹新："为照她人炬自燃，辛勤耕耘笔下田，世间百业何为贵，当以神圣论教坛。"

随着学生进入二三年级，我的身份也慢慢聚焦到"综合导师"上来。通常每年我指导的学生在 15 名左右，指导完成三个调查和毕业论文等。除此之外，学生还经常邀请我担任各类学科竞赛、创业竞赛的指导老师。面对学生经常发生"时刻变换主题，临时突击赶制"等情况，我总是把自身的科研经历与学生分享，引导学生结合社会热点、自身兴趣、就业取向等来认真选题、专注做题，用两年、三年甚至更长的时间做好一个命题，多出成果，出好成果。慢慢地，兴趣相投的学生、主题一致的学生变成了项目组，我们拟定每个月固定时间召开匠心工坊，项目组陈述竞赛开展情况，或是个人陈述报告推进情况。参加竞赛的学生往往热情有余毅力不足，我会引导他们不断打磨自己的作品，争取更高级别的奖项。久而久之，匠心工坊成为了导师和小组之间、小组和小组之间相互点评、汲取养分的工作坊。在这样一种循序渐进式的科研训练中，我不能保证一定能出大成果，但是我用自己的专注、细节、毅力，向学生传递了专心、专注、专业地做好一件事的努力。2017 届毕业生李彤说："竞赛的点子是和陈老师无数次推倒重来的沟通中逐步清晰起来的，从一年级的省挑战杯课外学术科技作品竞赛三等奖，到二年级的学生科研课题，再到三年级的大学生电子商务竞赛报告类校一等奖、省三等奖，每一次新的成绩的取得就是在上一次的成果基础上再努力一把、推进一些。"2016 届毕业生方华表示，当年她收到的最骄傲的毕业礼物就是一本专著《创意之城：解读杭州市八大文化创意产业》，扉页上赫然列着每一位为此辛勤付出的学生名字。每当翻开书回想起校园时光时，这段一起比赛、一起写稿、一起熬夜的经历都历历在目。

当学生进入四年级，就业、考研、出国留学等选择纷至沓来。工商管理学院已有的朋辈课堂、营销指导委员会、校友企业家俱乐部集结了大量优质的校友资源、工作经验、就业实践信息。我愿意架起沟通的桥梁，把校友请进课堂，把经验和教训分享，把学生输送出去。于是，就有了每年的中国义乌国际小商品博览会上，汇林集团的李九斤总裁、学生和我，满场地找客源、搜信息、问价格、谈意向，企业管理者一看学生的表现，二展自身的经验；学生一练自己的才干，二学企业家的方法；老师一诊教学的效果，二摸市场的动向。实战应聘，三方互动，互惠共赢，真正吻合了构建面向企业需求的营销类人才培养的新教学体系。每年5月，我还会在校归国留学人员联谊会理事的通力配合下，共同举办留学咨询会，义务地为学生解答留学的事宜、分享留学的经验，通过三届的举办，目前服务学生规模在200人每场次，服务的国别主要分美加、欧洲、澳新、亚洲四大板块。

或许在很多人的眼里，做一名教师是清苦的、平凡的，然而在我看来，当我的授课能够得到师生认可时，我感受到的是一种自豪感；当我的学生取得点滴的进步时，我感受到的是一种成就感；当毕业的学生把第一届"我心目中的好老师"选票投给教龄不长的青年教师时，我的幸福不亚于建筑师看到自己亲手设计的大楼落成，也不亚于科学家在攻克难关以后的满心欢喜。

教育是崇高的事业，需要我们去献身；教育是严谨的科学，需要我们去探究；教育是多彩的艺术，需要我们去创新；教育是系统的工程，需要我们共同参与，齐心协力。瞬息万变的社会、个性多样的学生决定了我们对教育的理解只能深入而不能停止。作为一名普通高校教育工作者，我更愿意"用心""用爱""用情"把"沟通"深入到每一个学生的心底。

愿得此身长报国，千桃万李向阳开。

第四节　金教材：新时代浙商转型和营销升级经验

教材是人才培养的主要剧本，教学改革改到实处是教材[28]。抓教材质量，一方面需要抓内容创新，包括最新研究成果、最新前沿、最新理论、实践成果；另一方面拓展新形态，包括新形态教学资源、案例库和资源库。

一、案例教材的特点

浙江省大学生经济管理案例竞赛由浙江省教育厅、浙江省经济和信息委员会主办，以实践调研为基础，采用自主选题方式，参赛队选择某一经济管理领域的研究对象（企业、行业、区域），通过对研究对象进行深度调研，运用相关经济管理理论，深入分析研究对象的成功经验或失败教训，撰写成参赛案例。该竞赛不仅能够有效增强大学生的实践创新能力和团结协作精神，发掘、提炼、传播当前经济转型升级和管理创新实践中的特色、亮点，从而提高学生解决实际问题的能力；同时，有利于促进经济管理类专业建设，提升案例研究与教学水平。

《新时代浙商转型和营销升级经验》《新时代浙商转型和管理升级经验》两本书收录了浙江财经大学工商管理学院师生在 2017~2019 年浙江省大学生经济管理案例大赛的获奖案例。这些案例有以下共同点：一是原创浙商实战案例，即浙江财经大学参赛学生在工商管理学院教师的专业指导下，深入企业调研，运用经济管理理论与方法分析浙商成功与失败经验；二是从不同视角诠释了浙商企业不断进取的创新精神，记录了浙商企业完整的发展历程，为推广先进适用的管理理念、方法和模式提供案例借鉴。

二、案例教材的构成

《新时代浙商转型和营销升级经验》是工商管理学院师生三年来对浙江省大学生经济管理案例竞赛的成绩汇报，也是产教深度融合的育人成果的结晶。本书共收集了 12 个具有特色的浙商营销创新案例，并系统总结了这些企业的转型和营销升级经验及启示。主要有以下几块：

第一篇　嘘！听数据怎么说：基于金融大数据分析技术的电商金融生态圈构建

第二篇　根于品质，源于自然：守农公司"三元"共生模式

第三篇　五芳斋与迪士尼跨界联合：老字号品牌活化新路径的探究

第四篇　数字时代众泰汽车体验营销

第五篇　云端上的价值蜕变：畲森山的华丽转型和商业模式创新

第六篇　东方鞋履化蛹成蝶蜕变记：基于 RCSP 范式的传统企业转型路径

第七篇　新型社交跨境美食平台："环球捕手"的生态圈构建研究

第八篇　科技赋能，普惠四方：金融科技助推"铜板街"高速发展

第九篇　雨洗风磨真自如，夹缝中的逆生长：杭州自如"互联网+长租公寓"发展新模式

第十篇　"沥"足脚下，筑路未来：磁力法则吸引下的联程绿色管理"5R"模式

第十一篇　"就医不难，健康有道"：解读微医"云+四医联动"新模式

第十二篇　量身定制，天衣无缝：推拉理论下的个性化智能家居之路

结论篇　新时代浙商转型和营销升级经验与启示

本书中涉及的企业涵盖较为传统的公路工程建设和养护、汽车、食品、服饰

等制造企业，以及较为新型的现代农业、长租公寓、智能家居、跨境电商、互联网金融、互联网医院等。各行各业的案例从不同的切入角度，聚焦营销升级组成了一个较为丰富的案例库。从这些丰富的案例中，可以看出这些企业均是结合自身发展的特点采取战略创新、企业文化创新、技术创新、转型升级、营销策略创新、服务创新等发展策略。

三、案例教材的内容

改革开放之初，为了实现脱贫致富的目标，浙江人以历经千辛万苦、说尽千言万语、走遍千山万水、想尽千方百计的"四千精神"闯出一片天，作为民营经济大省的浙江，也在这番精神的引领下，经济持续发展，步入全国先进行列。民营经济兴则浙江兴，民营经济强则浙江强。站在新的历史起点，广大浙商大力弘扬新时代浙商精神，弘扬坚忍不拔的创业精神，敢为人先的创新精神，兴业报国的担当精神，开放大气的合作精神，诚信守法的法治精神和追求卓越的奋斗精神。

1. 做好企业文化顶层设计，树立转型升级战略理念

"'沥'足脚下，筑路未来：磁力法则吸引下的联程绿色管理'5R'模式"，总结了浙江联程建设有限公司构建绿色管理"5R"模型，通过加强企业文化建设和生产价值链绿色管理，成为诸暨同行业唯一存活下来的沥青砼生产企业，并一举在该行业中成为全省道路建设模范企业；"东方鞋履化蛹成蝶蜕变记：基于RCSP范式的传统企业转型路径"从"资源—能力—行业内地位—产业定位"的逻辑线索，系统剖析了红蜻蜓公司在文化、组织、技术、机制方面的四轮驱动创新，从老字号品牌成长为国际中高端鞋服品牌的历程。

这两个案例的共通之处：反映了新时代浙商以企业文化为顶层设计，从根部提升企业竞争力，通过文化之轮的力量激发消费者的情感共鸣和信赖，树立企业积极昂扬的价值观，营造企业浓厚的文化氛围，树立做百年企业的梦想，争创一流企业、一流管理、一流产品、一流服务和一流文化，勇当新时代中国特色社会

主义市场经济的弄潮儿，勇当新发展理念的探索者、转型升级的引领者。

2. 关注消费升级市场变化，切入市场细分渠道赋能

"雨洗风磨真自如，夹缝中的逆生长：杭州自如'互联网+长租公寓'发展新模式"，分析了自如企业在"租金贷""抬高房价""甲醛风波"等行业动荡环境下"困局和破局"的矛盾与突围，为整个长租行业开辟了一条互联网发展的新道路。"数字时代众泰汽车体验营销"研究了众泰 T600 体验营销组合策略，分析了众泰场景营销与数媒营销耦合发展的关键点。

消费升级背后市场细分越来越明显，个性化、多样化消费会成为当前消费增长主流。浙商从渠道出发，线上、线下融合发展，线上对线下赋能，线下企业不断拥有互联网技术，围绕消费者需求开展商业业态和服务创新，从而使渠道与以往相比变得更新、更柔性、体验更好。过程中也包含着新时代浙商逢山开路、遇水架桥的闯劲，滴水穿石、绳锯木断的韧劲，锲而不舍、百折不挠的干劲。

3. 注重科技创新研发投入，提升高效的市场竞争力

"嘘！听数据怎么说：基于金融大数据分析技术的电商金融生态圈构建"以杭州市云算信达数据技术有限公司为研究对象，深度分析基于大数据和"互联网+"时代背景的第三方金融服务公司，如何通过模型建立技术分析，并服务于解决电商贷款的难题。"量身定制，天衣无缝：推拉理论下的个性化智能家居之路"描绘出消费者、经销商、聪普智能三者之间的价值共创体系，最后点出以信息安全性和个性化定制为指导方向的发展之路是一条可持续发展之路。

创新是引领发展的第一动力，对新时代浙商而言亦是如此。一直以来，浙商敢闯敢试、敢为人先，具有强烈的创新意识，在改革开放中领全国风气之先。浙商企业，无论规模大小，行业异同，始终保持敏锐的市场观察力，注重科技、注重研发、注重创新。

4. 提升产品价值服务体验，节约资源拓展价值来源

"根于品质，源于自然：守农公司'三元'共生模式"运用"三元"共生理

论探索农产品服务业新创企业在当前以及未来经济下如何减少资源瓶颈、应对市场需求的过程与发展。"云端上的价值蜕变：畲森山的华丽转型和商业模式创新"着重分析了丽水一山公司依托丽水优良的生态环境与资源优势，通过"两次转型，三种模式"从一个单一的蔬菜运输配送公司转型为综合新型农业产业公司，逐步实现"云端上"的价值蜕变。

这两个案例的共通之处：反映了现代农业浙商们将原生态产地、高品质产品、源自然情怀相结合，通过轻资产的运营方式，与合作伙伴、消费者互惠共生，在生命周期不同阶段，由小做大，由浅入深建立共生体系，逐步将产业上游供应商、下游物流运营商、高端客户群纳入企业共生系统，形成长期稳定的利益共生联盟，能够使新创企业有效突破资源限制，领先同行竞争者，迅速地占据市场。

5. 坚持品牌互补联合共赢，构建全面开放合作模式

"五芳斋与迪士尼跨界联合：老字号品牌活化新路径的探究"全方位地考察"五芳斋"与迪士尼品牌联合案例，探讨了如何通过品牌联合来推动老字号品牌活化的机理、模式与绩效。"新型社交跨境美食平台：'环球捕手'的生态圈构建研究"致力于打造以美食为主的全球化生活体验平台，构建了基于会员制度的社交电商模式。

融入了开放基因的浙商，在面临着来自四面八方机遇和挑战的同时，凭借干在实处、走在前列、勇立潮头的精气神，全面开放、合作共赢。中华老字号品牌面临老化困局，通过品牌联合—品牌活化的作用机理，降低进入年轻消费群体的难度，有效地活化品牌。

6. 通过商业模式普惠创新，实现社会效益长远发展

"'就医不难，健康有道'：解读微医'云+四医联动'新模式"阐述了浙江微医集团有限公司充分利用互联网、大数据、人工智能等云技术，进行"医疗、医药、医保和医教"四联动，创造国际领先的互联网医疗平台。"科技赋能，普

惠四方：金融科技助推'铜板街'高速发展"以杭州铜板街网络科技有限公司为例，深入分析这家以"互联网+"为推动力的企业是如何利用新兴信息技术，打造完善风控体系并实现金融服务创新，更好地解决小微企业贷款难等问题，从而服务实体经济，实现普惠金融。

这两个案例的共通之处：反映了新时代浙商们把追求企业经济效益与实现社会效益结合起来，把追求经济利益与遵守现代市场经济发展结合起来，把遵循市场规律与发扬社会主义道德结合起来。

通过一个个浙江省大学生经济管理案例竞赛获奖文本，用学生的脚步亲身深入企业调研、用学生的视野亲眼分析企业现状、用学生的观点亲自凝练管理特色、用学生的笔触亲笔撰写管理启示，"以赛促教、以赛促学、学赛结合"，将对传承新时代浙商精神、引领企业发展和助推中国和浙江的经济高质量发展起到重要作用。新时代浙商不忘初心，牢记使命，凝聚力量，打响品牌，展现形象，突出做"强"，突出高质量发展和国际竞争力，在振兴实业、发展新经济、打造现代化经济体系上更加积极有为，奋力实现新飞跃。

第五节 金生：AACSB 核心能力视角下"一核双翼四驱"中美合作项目营销人才培养模式

"金生"是在"四金"建设（金专、金课、金师、金教材）基础上，对人才培养质量的更高赋能，旨在让学生德智体美劳全面发展更充分彰显。

一、"一核双翼四驱"中美合作项目营销人才培养模式实施背景

1. 成果简介

全球化发展需要同时兼备国际视野和爱国情怀的学贯中西型人才。浙江财经

大学市场营销中美合作办学项目——专业销售（Profession sales），试图将国际化办学的优势转化为人才培养的优势，服务国家开放战略和浙江外向型经济发展的需要[28]。如图 8-8 所示，成功探索出一套以"学贯中西型营销人才"为核心目标，以"双师育人"和"金课育人"平衡发展为双翼，通过训、练、赛、创为"四轮驱动力"，以精英商学院（Association to Advance Collegiate Schools of Business，AACSB）爱国情怀、逻辑思维、批判思维、信息技能、综合分析、团队协作、沟通表达、自主学习八大能力为学生培养目标，充分调动国内、国外的教学资源，从而解决教育融合、社会适应、过程管控的三大教学问题。

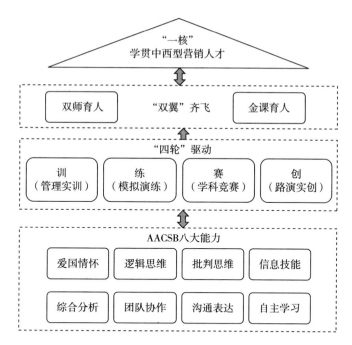

图 8-8 AACSB 核心能力视角下"一核双翼四驱"中美合作项目营销人才培养模式

"金生"是市场营销专业在"四金"建设（金专、金课、金师、金教材）基础上提出的新概念[29]，强调要让"四金"托起"一金"。"金生"进一步明确了"四金"建设的出发点、落脚点，丰富了"四金"建设的内涵与要求。"金生"

是新时代营销人才培养目标的新追求，是对人才培养质量的更高赋能，旨在让学生德智体美劳全面发展更充分彰显[30]。自 2013 年创办省内唯一市场营销（中美合作办学）项目，与美国托莱多大学（2017 商科排名全美前 100，Profession Sales 专业排名美国前 3%）合作，经过九年探索与实践，培育出一批高质量的"创造青年"群体、"创想实践"成果和"创新师资"队伍，市场营销专业全国排前 4.08%（2022 年），全国 5 星专业的社会认可，塑造全国唯一的专业销售特色品牌教育项目，培养既具有国际视野又具有爱国情怀的学贯中西型营销人才。

2. 主要解决的教学问题

（1）培养目标"单"维。传统中外合作办学项目的培养目标"单"维，更加侧重国际化、强调拓展学生的国际视野，为国际市场培养人才，对服务地方经济发展的价值输出相对较少。

（2）资源融合"弱"化。传统中外合作办学项目对于师资、课程的引进是"1+1"的模式，对国外优质教育资源的转化率"弱"，国内/国外、校内/校外师资融合度"弱"，过程管控分散。

（3）育人手段"软"化。传统中外合作办学项目重理论、轻实践。教学环节重第一课堂教学，轻第二、第三课堂社会实践。混合式教学、线上教学、翻转课堂等现代教学手段运用薄弱；创新能力、学科竞赛竞争能力明显不足。

（4）学习评价"一"维。传统中外合作办学项目的课堂评价方式单一，重考试成绩，"唯分数论"。评价体系不能很好地适应不同个性学生的需要，也激发不了学生自主学习的积极性。

二、中美合作项目营销人才培养模式解决教学问题的方法

1. "一核"：以学贯中西型营销人才为培养目标

（1）培养学生的爱国情怀。注重理想信念教育和价值引领，通过组织学习

交流分享会、主题党日活动、支部书记讲党课等，全面系统把握上级指导精神，引导学生深入学习习近平总书记系列重要讲话精神和治国理政新理念、新思想、新战略，加强社会主义核心价值观教育，明确方向，积极推进，确保主题教育取得预期效果。

（2）拓展学生的国际视野。引进托莱多大学在专业销售领域的雄厚力量和教学模式（2017 年商科排名全美前 100，Profession sales 专业排名美国前 3%），核心课程全部采用托莱多大学指定的英文版教材，并在主管部门的规定和指导下，完成对教材的审核，按国际通行的教学模式实行双语授课和跨校学习。

2. "双翼齐飞"：建立"双师育人、金课育人"平衡发展的人才培养模式

（1）坚持"双师"育人的师资梯队建设。国外销售导师团对全英文授课，实现"双语"学习；国内校内综合导师特色工作室、校外创业导师，实现"多对一"指导，国内、国外"双师"育人和校内、校外"双师"育人。继续设立全员育人领导小组，设立全员育人办公室，全过程、全方位、全员育人。

（2）创新"金课"育人的教学改革手段。构建课程思政的思想方阵，牢固树立知识传授与价值引领同频共振的教学理念；构建在线课程的数字方阵，大力建设互联网+课程与新形态教材同向聚合的教学资源；构建课程竞赛的创新方阵，全面开展课程教学与学科竞赛同向同行的教学活动。

3. "四轮驱动"：打造训、练、赛、创"四轮驱动"人才培养创新模式

（1）训（管理实训）。通过企业精英进课堂、企业移动课堂等形式加强实习实训教学。

（2）练（模拟演练）。核心模块（战略管理、市场营销、运营管理、人力资源、财务管理），开设独立或综合性实践性课程，实现学与练的融通。

（3）赛（学科竞赛）。学科竞赛深度嵌入课程体系，如"全球商务模拟"课程嵌入"尖烽时刻"商务模拟大赛，极大提升学生竞赛和实践能力。

（4）创（路演实创）。对具有创业精神的在校大学生，开办领导力训练营，

提供创业的专业支持。

4. AACSB "八大能力培养"：道德伦理、逻辑思维、批判思维、信息技能、综合分析、团队协作、沟通表达、自主学习

（1）课内：促进教学方式突破。以专业核心课程教学质量标准为准绳，持续推动实验、项目管理案例教学；课堂竞赛和集体备课促教学。课程负责人领衔课程组教研；督导组教师监督课程建设；设置激励教学经费。

（2）校内：强化教学督导制度。教务和实践教学文件有 20 项和 14 项，覆盖教学管理；督导、专家和学生 360 度评价教学；建立试卷质量审核制度；教学比赛、观摩和教改助推教学。杰出教学/教坛新秀、优秀综合导师等奖项激励教学。

（3）校外：拓展多方资源赋能。"三融入"对接市场需求：企业 CEO 融入课程设计，社会导师融入课堂指导，职业经理融入学科竞赛。围绕创新创业、考研留学开展"校友云课堂"23 次，"校友论坛"33 次，专场招聘 24 次。

三、中美合作项目营销人才培养模式的创新点

中美合作项目营销人才培养模式在教学问题、解决方法、创新点的对应关系如表 8-2 所示。

表 8-2 教学问题、解决方法、创新点对应关系

教学问题	解决方法	创新点
单	一核	单变合
弱	双翼	弱变强
软	四驱	软变硬
一	八能	一变多

1. 单变合：融合新商科教育发展的国际化与本土化愿景

培养具有人文情怀并勇于承担社会责任、勇于创新、创业，且能够服务地方新商业发展的应用型营销人才。在一年级引入美国托莱多大学教师进行授课，学生接触美国教学范式，有助于了解美国的文化和教学风格。学生转移到托莱多大学的英语条件是满足"托福71及以上（侧重听说读写），通过ESL考试（对母语非英语的并把英语作为第二语言的语言学习者的专业英文课程）（侧重听说读写），完成课程'English College Composition'学习（侧重写作），通过角色扮演考试（Role Play Test，侧重口语）"四个层级式要求，使得学生不断提高英语水平，胜任专业学习。

2. 弱变强：集合双方师资和金课矩阵共同育人

围绕学贯中西营销人才培养主轴，通过两校一流师资和课程，集合校友企业、社会导师、学术委员会等参与人才培养，促进产教融合、校地融合、能力融合、理实融合、中外融合，全面整合和优化教学资源，打造中西方集成育人体系。

3. 软变硬：构建了"训、练、赛、创"融通系统

通过训、练、赛、创的融通，形成知识学习、应用和创新的闭环，将知识学习与能力培养融合起来。推进了"以学为中心"的课堂教学改革和"以学习成果为导向"的课程考核改革；突破传统教学组织模式，构建了实验教学、案例教学、课程项目、沙盘模拟、移动课程、企业精英进课堂等多重交互的学习模式；改革传统商科以教师为主导知识传授课堂教学，强化学生为主体，能力导向多维度的创新学习模式。

4. 一变多：探索了全面衡量学生学习产出能力的评价系统

强化了学生的爱国情怀、逻辑思维、批判思维、信息技能、综合分析、团队协作、沟通表达、自主学习八大能力培养目标。根据岗位要求和业态变化的新趋

势，反向设计学生的知识结构和能力达成目标，培养方案增设 Python 程序设计、大数据探索性分析、互联网运营、信息技术应用基础等交叉融合课程。通过分层培养、进阶培养、贯通培养，强化营销与人工智能、大数据、区块链等互联网新技术的融合，促进了学生学习向自主式、创新性转变。

四、"一核双翼四驱"中美合作项目营销人才培养模式的推广应用效果

1. "学贯中西"型人才培养成效卓著

（1）国内外升学率与就业率保持高水平。2017~2021 年中外合作办学毕业生的出国考研率分别是 32.9%、35.80%、38.14%、48%、38.29%。其中，最新一届（2021 年 6 月）96 名毕业生中，13 人获托莱多大学与浙江财经大学双学位，38 名同学考取国外高校研究生，10 名同学考取国内高校研究生，被 QS 世界排名前 100 的高校录取占比为 80.77%，其中不乏哥伦比亚大学、约翰霍普金斯大学、清华大学等国内外名校。

（2）涌现出一批杰出的道德模范与创业者。学生党员蔡桑璐的先进事迹获"中国大学生自强之星"称号；创业能手层出不穷，在校生舒芙蓉发起"新谷·潮玩"等 4 个创业项目，获得 50 余项创赛奖。据浙江省教育评估院数据，用人单位对本专业毕业生的综合素质满意度为 92.5 分，高于省平均水平 2.5 分。

2. "双翼四驱"育人体系优势突出

（1）金课体系建设初见成效。建有国家级一流本科课程 3 门，工商管理类核心课程一流金课 1 门，省本科院校"互联网+教学"示范课堂 2 门，本科高校省级"三类"一流课程 14 门，省普通高校"十三五"新形态教材 2 本，校级、院级课程思政 18 门。同时引进外方专业课程 21 门，根据课程特色及校内教师资源，其中 10 门课程采用中美双方合作授课，9 门课程采用全外教授课方式，1 门

新共同开发课程，1 门自主开发课程，有助于学生循序渐进地吸收专业知识。

（2）双师育人队伍建设成果显著。项目师资队伍中有国家社科基金重大项目首席专家 1 人、省"万人计划"青年拔尖人才 1 人、省 151 人才 3 人、省中青年学科带头人 2 人、省级师德先进个人 1 人、省高校高水平创新团队 1 个；近 5 年的高质量创新成果有国家级课题（含重大）5 项，发表 SSCI/SCI/CSSCI 论文 28 篇。同时聘有 10 多位外籍教授担任专业课程教学，并先后派出 20 余位教师赴美国托莱多大学访学，学习美方在教学模式、学科建设、人才培养等方面的成功经验，这些教师回国后成为项目双语教学专任教师。

（3）训、练、赛、创四轮驱动效果不断攀升。获批市场学研究会绿色消费与绿色营销研究中心（专委会）；获批教育部 8 个产学合作协同育人项目，2 个省级产学合作协同育人项目，4 个省级虚拟仿真实验项目，1 项全国百优案例，以及 1 个省级大学生实践基地，44 个校级、院级实践基地。为使学生适应原版教材及外教授课，项目在采用分层式大学英语教学基础上，增设英语实践（外教授课）和多种形式的英语教育活动，营造全英语语境学习氛围。学生获得省级以上奖项的数量，从 2016 年前的年均个位数，上升到 2018 年 25 项、2019 年 57 项、2020 年 76 项、2021 年 94 项，自 2018 年来保持年均 25%以上增长率。近五年有超 214 名学生参加省级以上学科竞赛，获得 103 项省级奖项。其中省挑战杯大学生创业计划大赛银奖 1 项、铜奖 4 项；省"互联网+"大学生创新创业大赛银奖 1 项、铜奖 3 项；国家大学生创新创业训练计划 19 项；省新苗人才计划 25 项；出版 2 部学生原创浙商案例。

3. 改革成效显著，受到社会各界高度评价

（1）专业排名显著提升，2022 年跃升为 4.08%。本项目所在专业 2020 年被评为国家一流本科专业建设点，全国 5 星专业，且稳步提升，从 2015 年的全国前 7.3%跃升为 2022 年的全国前 4.08%。

（2）全国性媒体广泛报道，社会高度关注和认可。《人民日报》《浙江日报》

分别以《中外合作办学高质量发展和新商科卓越人才培养高峰论坛举行》《做大国际化视野下的市场营销》为题，报道了"一核双翼四驱"中美合作项目营销人才培养模式。来自南开大学、中南财经政法大学、中国人民大学、福州大学、北京交通大学、华南理工大学、浙江工商大学等院校的 400 多名专家学者参加中外合作办学高质量发展和新商科卓越人才培养高峰论坛暨浙江财经大学市场营销中美合作项目十周年庆典，赢得了广泛的社会关注和认可。

参考文献

［1］陈凡，何俊．新文科：本质、内涵和建设思路［J］．杭州师范大学学报（社会科学版），2020，42（1）：7-11.

［2］田贤鹏．新文科建设呼唤人才培养模式创新［N/OL］．中国社会科学报，http：//www.cssn.cn/skgz/bwyc/202304/t20230404 _ 5617828.shtml，2023 - 04-04.

［3］王建明．数智时代新商科人才培养的变与不变——以工商管理类专业人才培养为例［J］．新文科教育研究，2022，8（4）：103-116+144.

［4］中国教育现代化 2035 ［EB/OL］．中国教育部，http：//www.moe.gov.cn/jyb_xwfb/s6052/moe_838/201902/t20190223_370857.html，2019-02-23.

［5］浙江省高等教育"十四五"发展规划［EB/OL］．浙江省教育厅，http：//jyt.zj.gov.cn/art/2021/7/2/art_1229266643_4674524.html，2021-06-18.

［6］陈颖，谢凤华，祝振华．市场营销专业"职业经理人"教育教学实践体系知识共创改革［J］．高教学刊，2019，118（22）：117-119.

［7］刘濯源．教育4.0时代，教育技术的新变革［J］．中国信息技术教育，2015（Z2）：143-144.

［8］陈鹏．共教、共学、共创：人工智能时代高校教师角色的嬗变与坚守［J］．高教探索，2020，206（6）：112-119.

［9］黄兆信．师生共创：教师认知差异与行动取向的实证研究［J］．南京师范大学学报（社会科学版），2020，229（3）：27-38.

［10］彭泗清．由先生到共生：新消费时代的营销教学创新［R］．2018 年全国 MBA《市场营销》师资教学研讨会，2018.

［11］王永贵．从粗放到质量和特色——面向中国式现代化的 MBA 教育［J］．经理人，2023，342（1）：44-45.

［12］尹国俊，都红雯，朱玉红．基于师生共创的创新创业教育双螺旋模式构建——以浙江大学为例［J］．高等教育研究，2019，40（8）：77-87.

［13］周涛．基于知识共创的"市场调查与预测"教学模式改革［J］．山东理工大学学报（社会科学版），2016，32（5）：100-105.

［14］于莎．法国行业协会如何引领职业教育价值共创？——基于巴黎法兰西岛工商会的案例分析［J］．现代远距离教育，2022，204（6）：86-94.

［15］李作章．价值共创视域下高等教育治理能力现代化的"赋能"进路［J］．江苏高教，2022，251（1）：59-65.

［16］陈颖，周渊圆，祝振华．混合慕课 3.0 时代的沉浸效果评价［J］．黑龙江教师发展学院学报，2020，39（1）：47-49.

［17］Bernd H. Schmitt. Experiential Marketing：How to Get Customers to Sense，Feel，Think，Act，Relate to Your Company and Brands［M］. New York：Siomon & Schuster Inc，1999.

［18］戴维·米尔曼·斯科特．新规则：用社会化媒体做营销和公关（原书第 5 版）［M］．北京：机械工业出版社，2016.

［19］仇勇．新媒体革命——在线时代的媒体、公关与传播［M］．北京：电子工业出版社，2016.

［20］李欣，陈晓阳．现代公共关系理论与实务（浙江省高等教育重点教材）［M］．杭州：浙江人民出版社，2011.

［21］姚凤云，郑郁，钟凯．公共关系学［M］．北京：清华大学出版社，2015.

［22］ Spady W D. Outcomes－based Education：Critical Issues and Answers
［M］. Arlington，VA：American Association of School Administrators，1994.

［23］ Chandrama Acharya. Outcomes－based Education（OBE）：A New Paradigm
for Learning ［J］. CDTLink，2003，7（3）：7-9.

［24］ Outcomes－based Model ［EB/OL］. http：//www. capellaresults. com/in-
dex. asp，2012-12-20.

［25］ HEQCO. Learning Outcomes Assessment Consortium－Queen's University
［EB/OL］.［2014-12-10］. http：//www. heqco. ca/SiteCollectionDocuments/LO-
AC-QueensUniversity. pdf.

［26］ Davis M H. Outcome－based Education ［J］. Journal of Veterinary Medical
Education，2003，30（3）：258-263.

［27］顾佩华，胡文龙等 . 基于"学习产出"（OBE）的工程教育模式——
汕头大学的实践与探索 ［J］. 高等工程教育研究，2014（1）：35-38.

［28］吴岩 . 服务中国式现代化，建好金专、金课、金师、金教材
［EB/OL］. 同济大学中层干部综合治理能力提升专题研讨班（第三期），https：//
qa. tongji. edu. cn/20/f4/c8937a270580/page. htm，2022-08-23.

［29］王建明 . 数智时代新商科人才培养的变与不变——以工商管理类专业
人才培养为例 ［J］. 新文科教育研究，2022，8（4）：103-116+144.

［30］全国新文科教育研究中心 . 新文科建设年度发展报告（2022）［M］.
济南：山东大学出版社，2022.